ICONIC AFRICA

Laureen Kouassi-Olsson
Présidente – Directrice Générale de Birimian Ventures

ICONIC AFRICA

À ma mère et à mon père, qui m'ont toujours poussée à rendre possible l'impossible.

À mes enfants : à mon Sven et ma Leen, pour qu'ils comprennent l'importance de croire en leurs rêves et surtout de les réaliser.

À tous les créateurs, gardiens des savoir-faire et de l'artisanat d'exception de notre cher Continent qui propulsent avec fierté notre héritage sur le devant de la scène.

À l'audacieuse nouvelle génération d'afropolitains qui se bat inlassablement pour changer le regard du reste du monde sur le Continent africain.

Préface

L'Afrique connaît depuis une quinzaine d'années un formidable élan dans le domaine créatif. Les artistes et créateurs africains bénéficient d'une reconnaissance et d'une visibilité sans précédent sur la scène internationale. Leurs talents s'expriment dans des domaines artistiques très divers. Cette explosion créative traduit, chez beaucoup d'entre-eux, une nouvelle fierté ainsi qu'une volonté de prendre le contrôle sur le narratif du continent. Les technologies modernes, catalyseurs de ce phénomène de transformation – digitalisation des médias, réseaux sociaux, connectivité accrue – propulsent comme jamais auparavant les artistes africains face à un public mondialisé.

Certes, le chemin est encore long avant que ceux-ci ne soient reconnus à leur juste valeur et soutenus comme ils le méritent. Les obstacles à un épanouissement complet du secteur créatif demeurent nombreux. La faute, entre autres, aux défaillances du système éducatif dans la formation des jeunes les plus prometteurs. Mais aussi à un manque criant de soutiens financiers, pourtant indispensables à la réussite de leurs projets. Compte tenu de ces conditions souvent difficiles, la résilience dont font preuve ces créateurs, leur détermination à restituer la richesse culturelle du continent, sont d'autant plus remarquables.

Heureusement, certaines personnalités africaines multiplient les initiatives pour tracer une voie aux talents en devenir. Elles se font fort d'accompagner l'éclosion du secteur à travers des projets éducatifs, des événements et des plateformes dont la fonction est de valoriser et d'accompagner les artistes émergents. Dans de nombreuses métropoles africaines, ces initiatives sont de puissants accélérateurs. Elles contribuent à braquer les projecteurs sur le marché de la création, son potentiel et son impact économique. Véritables bonnes fées de jeunes artistes, ces providentiels entrepreneurs leur ouvrent grand les portes de la scène créative internationale.

Ma philosophie en tant que photographe repose sur une aspiration profonde : contester l'absence de diversité dans les narratifs visuels africains. Comme photojournaliste, j'ai constaté de quelle manière les partis-pris dominants contribuaient à perpétuer les stéréotypes et les idées erronées sur le continent. C'est en passant du photojournalisme à la photographie d'art que j'ai pu forger un dialogue visuel qui explore dans leur complexité nombre de thèmes relatifs à l'Afrique. J'ai alors pris conscience que le monde de la mode pouvait jouer un rôle central dans la diffusion des messages que j'aspirais à transmettre. Mon inspiration a puisé dans les images d'archives des années 30 en Éthiopie, reflétant les tendances vestimentaires de l'époque et donnant le ton pour les collections que je dessinais alors pour mes séances photo. En parallèle, j'ai entrepris des recherches sur les ornements corporels et les tenues traditionnelles dans différentes régions d'Afrique. Incorporer la mode dans mes productions artistiques va au-delà du simple esthétisme : il s'agit aussi d'en faire un vecteur d'idées. C'est également pour moi une manière d'incorporer les traditions du passé dans le champ contemporain. Ainsi, même si je ne considère pas mon travail comme de la photographie de mode à proprement parler, j'ai rapidement constaté que la spécificité de ma démarche attirait l'attention des publications de mode.

De toute évidence, la photographie et la mode ont toujours entretenu un rapport fécond. C'est particulièrement vrai en Afrique, où ces deux arts apportent leur pierre à l'édifice d'une nouvelle vision du continent. Photographes ou stylistes, nombreux sont ceux qui aspirent à conquérir une renommée internationale en s'émancipant des frontières géographiques. Mais surtout, en célébrant une identité culturelle complexe et singulière, qui mêle harmonieusement le passé, le présent et l'avenir.

La photographie a donc été décisive dans la mise en lumière des aspects méconnus de l'Afrique, la déconstruction des stéréotypes et la révélation de la multiplicité des cultures du continent. Elle a rendu possible une renaissance de la mode africaine, dans toute la diversité de ses visages, et son épanouissement à l'international.

L'industrie de la mode, comme celle de la photographie, ont été à la pointe pour redéfinir les canons de beauté, et livrer une image pluraliste du continent, riche de ses traditions et de sa modernité. L'essor de l'industrie de la mode constitue non seulement une vitrine pour la nouvelle esthétique africaine, mais aussi un miroir des évolutions constantes des modes de vie, urbains ou ruraux, sur le continent.

En Afrique, où les matières premières représentent le mode d'échange traditionnel avec le reste du monde, une question cruciale s'impose : sommes-nous capables de produire nos propres biens de consommation avec notre industrie, et devenir des compétiteurs solides sur les marchés internationaux ? A titre personnel, je crois que l'idée que « l'avenir réside en Afrique » n'est plus une hypothèse – elle est devenue une réalité. Dans les domaines des arts du spectacle, l'hégémonie de l'afrobeat représente une parfaite illustration du potentiel de la créativité africaine et de sa capacité à s'exporter dans le monde entier. Les acteurs de la création issus du continent, curieux, insatiables, toujours plus désireux de se confronter au vaste monde et surtout d'y imprimer leur marque de manière indélébile, n'ont pas fini de faire parler d'eux. Quotidiennement, ils démontrent que l'Afrique n'est plus à l'aube d'un réveil, mais qu'elle est déjà à l'œuvre pour façonner son avenir.

Aïda Muluneh

Introduction

> Que sait du désert celui
> qui ne regarde qu'un grain de sable ?
>
> **ERIK ORSENNA**

C'était un clair et ensoleillé après-midi de décembre, à la veille de Noël. Je laissai derrière moi le tumulte d'Abidjan pour rejoindre Assinie, station balnéaire huppée au sud de la Côte d'Ivoire.

J'avais dans l'idée d'acheter un bouquet auprès d'un des nombreux marchands de fleurs installés là en bord de route pour égayer mon intérieur. Alors que je pénétrais dans l'une des échoppes, mon œil fut immédiatement attiré par un objet qui n'avait manifestement pas grand-chose à voir avec la botanique : un métier à tisser manuel. Autour de l'instrument étaient suspendus des pagnes en kita, cette étoffe traditionnelle de coton et de soie, symbole de prestige pour plusieurs peuples d'Afrique de l'Ouest, et en particulier du Ghana et de la Côte d'Ivoire. Les rayons du soleil, en transperçant ces parures multicolores rehaussées de fils mordorés, leur donnaient des airs de vitraux majestueux. Il y en avait de toutes tailles et de multiples couleurs étendus çà et là tout autour de l'échoppe. C'était tout simplement sublime.

Mais le plus édifiant était l'aura de sacré qu'exprimait une scène en particulier. Un homme d'une cinquantaine d'années, enseignant religieusement à son jeune fils les rudiments du tissage traditionnel, le regardait avec patience mais surtout émotion. Il suivait chacun de ses gestes avec une extrême attention. Le temps s'était arrêté. Ce petit garçon repassait inlassablement et méticuleusement plusieurs bobines de fil de gauche à droite. Apparaissaient progressivement sous ses doigts des motifs traditionnels « Adinkra », symboles du peuple akan dont je suis issue.

Les deux ne m'avaient pas aperçue, trop absorbés qu'ils étaient par ce dialogue artisanal silencieux. Une brise et le gémissement des fleurs tirèrent soudainement le maître et l'élève de leur concentration. Ils remarquèrent ma présence. Navrée de les avoir interrompus mais extatique, je pressais le commerçant de questions. Ces pièces étaient-elles à vendre ? Pourquoi ne les plaçait-il pas en première ligne de son étal ? Un peu gêné, l'homme me répondit qu'il tissait par passion, mais que faute de pouvoir en vivre, il s'était fait fleuriste. Pour autant, il se faisait un devoir scrupuleux de transmettre son savoir-faire à son jeune fils. Alors qu'il me suggérait d'acheter ses fleurs, pour lesquelles je n'avais soudain plus beaucoup d'intérêt, je lui posai une question dont la réponse devait provoquer une rupture dans ma conception de la création africaine.

« Pourquoi ne pourriez-vous pas en vivre ? » lui demandai-je.

Il me répondit : « Parce que cela n'a aucune valeur. Pour pouvoir en vivre, il faudrait que je puisse les vendre. Quel prix donner à ces tissus ? Mis à part vous, personne ne s'est jamais intéressé à mon métier à tisser. Et il faudrait surtout énormément de commandes pour que j'abandonne mes fleurs. »

Je repartis songeuse, avec sous le bras un assemblage de fleurs et... plusieurs pagnes de première qualité. À sa manière, ce commerçant était le garant d'une tradition, de l'héritage ancestral de tout un peuple auquel j'appartenais. Il avait de l'or entre les mains et n'avait pas conscience qu'il était l'un des maillons d'une chaîne de valeur d'exception.

Cette anecdote personnelle est révélatrice de ce qu'a longtemps été le paysage de la création africaine. Ou en tout cas de la manière dont celle-ci a été perçue : un secteur riche en talents certes, mais en talents bruts, largement inexploités. Depuis ma rencontre avec ce tisserand, il y a une dizaine d'années, tout s'est accéléré sur le Continent.

Une révolution créative se déroule sous nos yeux. Des plus modestes ateliers jusqu'aux studios de haute couture établis, les créateurs africains bousculent les frontières de la mode conventionnelle. Leurs pièces sont des œuvres d'art vivantes, qui puisent aux sources de traditions millénaires tout en proposant des esthétiques intemporelles. Une nouvelle garde de stylistes débarrassés de tous complexes se déploie, portée par la croissance des réseaux sociaux, le dynamisme économique des sociétés continentales, une classe moyenne en plein essor et toujours plus désireuse de promouvoir son identité culturelle en consommant « local ». L'engouement mondial pour la mode durable est un autre moteur de ce mouvement de fond. Nos créateurs sont les meilleurs ambassadeurs de cette *slow fashion* faite d'artisanats d'exception, de compétences transmises de génération en génération, de valorisation des matériaux naturels, de conditions de travail équitables et aussi, parfois, de prises de position politiques.

Des célébrités américaines qui donnent de la visibilité aux labels émergents, aux collaborations entre marques africaines et grandes maisons, tout concourt à donner à la création et à la mode *made in Africa* une reconnaissance planétaire. Mieux : cette légitimation par le regard du monde extérieur ne semble plus une fin en soi. Diplômés, entreprenants, multilingues, issus du Continent ou de la diaspora, nos jeunes pionniers de la création s'affranchissent joyeusement des injonctions contradictoires de l'industrie occidentale qui ont longtemps ligoté leurs prédécesseurs. Pris entre deux feux, ceux-ci étaient sommés de répondre à des diktats, de produire des pièces étiquetées « africaines », donc « folkloriques »... qui étaient immanquablement disqualifiées car jugées trop exotiques. D'un côté : « Cachez ce wax que je ne saurais voir. » De l'autre : « Vous êtes des créateurs africains, comment pourriez-vous concevoir autre chose que des tenues colorées et chaloupées ? »

Plutôt que de subir les codes de la mode européenne, nos marques de l'ère 3.0 renversent la perspective : ce sont elles, désormais, qui tendent à « coloniser » la mode internationale institutionnelle en proposant une vision éclectique et métissée. Une élégance hybridée qui s'adresse à tous, mélange de tradition assumée et d'insolente modernité. Thebe Magugu, Rich Mnisi, Mmuso Maxwell, Lukhanyo Mdingi, Loza Maleombho, Christie Brown, Kente Gentlemen... autant de *designer brands* qui symbolisent cette renaissance créative. Bien sûr, cette nouvelle génération n'est actuellement qu'une petite avant-garde. Mais je souscris entièrement au constat posé par la journaliste Emmanuelle Courrèges : « La saveur de cette révolution culturelle ne concerne pour l'heure qu'une minorité d'Africains, mais une minorité agissante et influente[1]. »

Inventivité, savoir-faire séculaires, considération mondiale... Que manque-t-il finalement à la filière mode du Continent pour devenir une industrie à forte valeur ajoutée ? Un renforcement du professionnalisme et, surtout, des

---

[1] *In* Emmanuelle Courrèges, *Swinging Africa. Le Continent mode*, Éditions Flammarion, 2019.

moyens financiers de grande ampleur. C'est tout le sens de mon engagement ces dernières années.

Je ne suis moi-même pas issue de l'univers de la création, même si j'ai eu la chance de grandir dans une famille férue d'art contemporain africain sous toutes ses formes. Mon parcours est plus prosaïquement celui d'une entrepreneuse rompue aux métiers de la finance. Après une enfance en Côte d'Ivoire et des études à l'EM-Lyon, j'ai été recrutée à 23 ans par la banque d'affaires Lehman Brothers comme analyste. J'étais à l'époque la seule femme africaine du siège européen de la division fusions et acquisitions à Londres. La faillite de ce géant bancaire, en septembre 2008, a été un déclic. J'ai alors décidé de m'orienter vers une finance responsable et de renouer avec mon « africanité » en travaillant pour mon Continent natal. J'ai intégré Proparco, filiale de l'Agence française de développement (AFD), dans laquelle j'intervenais sur des transactions de financements d'institutions financières en Afrique. En 2013, j'ai rejoint l'équipe fondatrice d'Amethis, premier fonds d'investissement franco-africain de l'histoire, sponsorisé par le groupe Edmond de Rothschild, pour m'occuper de la stratégie sur le secteur financier. Mais assez rapidement, j'ai ressenti le besoin d'être physiquement au cœur de cette ébullition économique africaine. Investir sur le Continent depuis un bureau donnant sur la tour Eiffel ou l'Arc de triomphe ne correspondait plus à mes convictions.

En 2016, j'ai donc pris la direction du premier bureau régional africain d'Amethis, basé à Abidjan, capitale économique de la Côte d'Ivoire. Au détour de mes voyages d'affaires dans la région, j'ai eu un véritable coup de foudre professionnel pour la scène mode africaine, aussi entreprenante et variée que les cinquante-quatre pays du Continent eux-mêmes. J'ai découvert une créativité exceptionnelle mais aussi… des moyens souvent limités. J'ai donc décidé de renforcer mes compétences entrepreneuriales par une formation exécutive à Harvard Business School.

Et c'est ainsi qu'est née en 2021 « Birimian », une institution financière dédiée au développement de marques haut de gamme et premium qui s'inspirent d'un héritage africain. Des labels qui incarnent l'artisanat d'exception de notre Continent. J'ai tenu à la baptiser du nom d'un gisement de diamants et d'or de la rivière Birim, qui parcourt les pays d'Afrique de l'Ouest. Car dans mon esprit, nos créateurs sont à l'image de ces pierres précieuses à l'état brut, qu'il faut polir et sublimer pour les faire éclore à l'échelle internationale. Depuis un peu plus de deux ans, nous avons épaulé des dizaines de marques originaires aussi bien de Côte d'Ivoire, du Rwanda, d'Afrique du Sud, du Ghana ou du Nigeria. Un accompagnement qui se déploie dans deux directions : renforcement de capacité au moyen d'un accélérateur lancé avec l'Institut français de la mode ; élaboration d'instruments financiers inédits pour soutenir les besoins de développement des créateurs.

Cette expérience m'a permis d'acquérir une vision globale des maisons de mode du Continent, d'en apprécier les atouts et les handicaps. Je crois pouvoir dire aujourd'hui que les premiers sont de plus en plus nombreux, et les seconds, des barrières de moins en moins insurmontables. J'irai même plus loin : de la même manière que le monde a découvert l'art contemporain africain, le XXIe siècle sera demain absolument imprégné de mode africaine. Celle-ci a vocation à être cette force motrice qui entraînera l'industrie du textile et au-delà, toute l'économie des pays subsahariens confrontés à l'épuisement des ressources fossiles. Pour ce faire, il ne reste plus qu'à s'emparer des outils et des solutions financières les plus à même de favoriser ce décollage. C'est tout le propos de ce livre de les rendre accessibles, tout en offrant un voyage inspirant au cœur d'une Afrique plus que jamais jeune, audacieuse, décomplexée et à même de produire du raffinement, de l'élégance, de l'exception.

Le lecteur sera peut-être surpris de ne pas trouver le Maghreb ou l'Égypte dans ce panorama. Non pas que ces pays soient des « déserts » créatifs, bien au contraire. Le Maroc ou la Tunisie sont réputés pour leur industrie textile moderne et innovante, l'Égypte pour son coton de qualité supérieure. De même, les orfèvres maghrébins de la couture ne manquent pas, de la bottière marocaine Zineb Britel à la styliste algérienne Rym Menaifi en passant par le *fashion designer* franco-marocain Charaf Tajer. Une scène créative nord-africaine foisonnante, qui présente des problématiques économiques spécifiques et qui mériterait un livre en soi. Ce sera donc peut-être l'objet d'un prochain ouvrage !

Introduction

Je vous invite maintenant à nous rejoindre au sud du Sahara, à nous (re)découvrir, mais avant tout à nous accepter tels que nous sommes, avec nos forces, nos faiblesses, et surtout cette formidable énergie, cette insatiable envie de changer le monde.

Chapitre 1

Le paradoxe créatif africain

Impose ta chance, serre ton bonheur
et va vers ton risque. À te regarder, ils s'habitueront.
RENÉ CHAR

Quelle intrigante contradiction. Depuis l'époque des indépendances, jamais la création vestimentaire africaine n'a suscité un tel engouement. La visibilité et l'intérêt sans précédent suscités par les créateurs qui réinventent l'héritage et le patrimoine africain selon des codes modernes s'observent tant sur la scène continentale qu'internationale. Sources d'inspiration pour les grandes marques européennes, dotées d'un fort pouvoir prescripteur, prisés par les diasporas et les communautés afro-américaines, les stylistes africains tendent à devenir de nouveaux acteurs à part entière de l'industrie de l'habillement. Las ! Malgré cette reconnaissance, force est de constater que la mode *made in Africa* bute toujours sur un plafond de verre. Entre la perception de la création africaine et sa réalité économique à l'échelle mondiale, le décalage est incontestable. Le Continent ne manque pourtant pas d'ambassadeurs de talent, qui ont démontré qu'ils avaient l'étoffe pour jouer en toute première division.

Une nouvelle ère

Mercredi 4 septembre 2019, fondation Louis Vuitton, Paris. Devant un jury composé de la crème de l'industrie de la mode (Maria Grazia Chuiri, directrice artistique de Christian Dior, Marc Jacobs, Jonathan Anderson, directeur artistique de Loewe...), l'actrice et égérie Vuitton Alicia Vikander remet le très convoité prix LVMH au Sud-Africain Thebe Magugu. « Un honneur insigne », bredouille le lauréat, visiblement confus de bonheur. Pour l'occasion, le jeune homme de 26 ans porte une chemise de sa collection ornée de deux visages de femmes, l'une noire, l'autre blanche, œuvres de l'illustratrice Phatu Nembilwi, jeune compatriote et figure montante, elle aussi, de cette nouvelle garde créative. Une pièce caractéristique de son vestiaire féministe et engagé. En devenant le premier styliste africain distingué de cette prestigieuse récompense, gage d'excellence à l'échelle de la scène créative internationale, le créateur de Johannesburg offre un peu malgré lui une reconnaissance inédite au Continent. Cet évènement est incontestablement un tournant historique pour la création africaine.

De fait, l'année 2019 apparaît comme un moment de bascule. Trois mois après le sacre de Thebe Magugu, Imane Ayissi est invité à défiler dans le calendrier officiel de la Fédération de la haute couture et de la mode parisienne. Une première, là encore, pour un créateur issu d'Afrique subsaharienne. Le couturier camerounais de 54 ans dit avoir pleuré en apprenant la nouvelle. C'est que cette distinction vient couronner trente ans d'un véritable parcours du combattant pour l'ancien danseur et mannequin devenu styliste autodidacte. Au-delà de sa propre histoire, Imane Ayissi voit alors dans ce succès l'opportunité d'inaugurer une nouvelle ère : « L'Afrique a ses propres tissus que le monde entier doit connaître [...]. Je pense que c'est une page de la mode qui est en train de s'écrire autrement[1]. » Le 28 mai 2022, l'actrice Rossy de Palma clôt le Festival de Cannes, qu'elle préside, vêtue d'une éclatante robe rouge conçue dans l'atelier parisien d'Imane Ayissi. Un autre geste à la symbolique puissante : fini le temps où les créations africaines n'habillaient que des Africains !

Autre étoile montante, Kenneth Ize. En février 2020 au Palais de Tokyo, le trentenaire d'origine nigériane fait

[1] https://fr.euronews.com/culture/2020/01/22/la-haute-couture-parisienne-s-ouvre-a-l-afrique-avec-imane-ayissi

sensation en présentant son premier défilé à la Fashion Week de Paris. La clôture du show par Naomi Campbell, l'une de ses bonnes fées avec Carine Roitfeld, conseillère style de Lagerfeld, est particulièrement remarquée. Le finaliste du Prix LVMH 2019 a confectionné pour le mannequin-star une tenue inspirée de son héritage culturel : une robe-chemise à rayures colorées taillée dans une étoffe traditionnelle du peuple yoruba, originaire du Nigeria, l'aso oke. Nous pourrions multiplier ainsi les exemples de ces designers qui, depuis quelques années, portent haut les couleurs de l'*african creative boom*.

Cette richesse artistique n'a évidemment pas échappé aux marques internationales, soucieuses de ne pas passer à côté d'un marché plein de promesses. Alors que les créateurs africains s'invitent de plus en plus sur les podiums et dans les cercles très fermés des capitales fashion internationales, les marques de luxe européennes font de l'Afrique leur nouveau terrain de jeu dans un chassé-croisé culturel souvent fécond. Dior est la première à « ouvrir le bal ». En avril 2019, la maison pose ses bagages à Marrakech, pour un défilé croisière grandiose. Les huit cents invités réunis au palais El Badi, dont un collectif de créateurs du Continent parmi lesquels Pathé'O, l'un des pères fondateurs de la mode africaine, peuvent y admirer plusieurs pièces en wax *made in Africa* (fruit d'une collaboration sans précédent avec la société ivoirienne Uniwax, l'un des leaders de l'industrie textile en Afrique de l'Ouest). Le symbole est particulièrement fort : en choisissant un tissu étroitement associé à l'identité africaine pour réinterpréter les motifs fétiches de Dior (tarot et toile de Jouy), Maria Grazia Chiuri, sa directrice artistique, confère au Continent l'un des premiers rôles. Rétrospectivement, ce show fait figure d'évènement fondateur pour cette nouvelle vague de la mode africaine. Pour moi comme pour des millions d'Africains de la région et des diasporas, il a constitué un motif de fierté et d'espoir.

Trois ans plus tard, en décembre 2022, j'ai l'opportunité d'assister à un autre tournant : le défilé annuel de la collection « Métiers d'art » du 19M de Chanel, à Dakar, au Sénégal. Jamais une grande maison française n'avait choisi une capitale d'Afrique subsaharienne comme écrin d'une exposition majeure. Un regret toutefois. Si la collection présentée s'autorise des références à l'allure des femmes sénégalaises, elle a été confectionnée exclusivement dans les ateliers français de la maison de la rue Cambon. Il n'empêche, le choix de Chanel a incontestablement contribué à consolider le statut de « hub culturel » de Dakar, vingt ans après l'organisation de sa première Fashion Week.

Rien de neuf sous le soleil ?

C'est entendu, le *fashion power* africain bénéficie aujourd'hui d'une visibilité et d'un intérêt croissants. D'aucuns objecteront toutefois que ce phénomène n'est pas une nouveauté. Ils n'auront pas absolument tort. Depuis l'époque des indépendances, l'univers de la création africaine a souvent eu l'occasion de briller sur la scène mondiale. Comme source d'inspiration, bien sûr. Souvenons-nous de la collection printemps-été 1967 d'Yves Saint Laurent, dont les robes en perles de bois, raphia et fils d'or inspirées des sculptures bambaras ont fait date. Si la vision du créateur de la saharienne peut sembler de nos jours teintée d'exotisme, elle entre alors en résonnance avec les aspirations de sociétés africaines libérées de la tutelle coloniale et qui cherchent à renouer avec leur passé et leurs traditions. C'est l'époque du mouvement festif « Indépendance Cha-Cha », tiré du tube du musicien congolais Joseph Kabasele. Une effervescence créative et populaire s'empare alors de divers domaines comme la musique, la danse, le cinéma mais aussi la mode. Nombre d'Africains se mettent à porter des tissus fabriqués selon des procédés ancestraux, comme le kente, au Ghana. C'est aussi l'époque où le président Mobutu, dans un registre plus politique, popularise au Zaïre l'abacost, son emblématique veston sans chemise ni cravate. Même si dans les faits, les codes vestimentaires occidentaux et les produits importés dominent toujours le paysage.

Sous les feux de la rampe, la mode africaine l'a été aussi grâce à ses propres pionniers. À partir des années 1970, ceux-ci sont portés par un autre phénomène culturel et politique d'ampleur : *Black is beautiful*. Né aux États-Unis dans le contexte de la lutte des Afro-Américains pour leurs droits civiques et l'égalité raciale, ce mouvement entend bousculer les normes esthétiques dominantes en valorisant la beauté et les cultures noires. Dépassant bientôt les frontières américaines, cette réaffirmation de la *blackness* provoque une onde de choc en Afrique et contribue à redéfinir les références en matière de style.

Nombre de designers vont prospérer dans le sillage de cette révolution culturelle. Attardons-nous sur le profil de deux d'entre eux : Pathé'O et Alphadi. Le premier fait figure de doyen de la création africaine. Né officiellement en 1950 au Burkina Faso (à l'époque Haute-Volta), Ainé Pathé Ouédraogo, de son vrai nom, s'installe en Côte d'Ivoire à l'aube des années 1970. Très tôt, le petit tailleur de quartier innove : ses créations célèbrent les racines culturelles africaines tout en intégrant une esthétique contemporaine. Le fils de cultivateurs s'intéresse particulièrement aux matières et aux motifs traditionnels, comme le Faso dan fani et surtout le wax. « Sachez que personne n'a travaillé le wax plus que moi, de 1985 à 2000 », s'amusera-t-il[2]. Ironie de l'histoire, si ce tissu de coton chatoyant à la cire est aujourd'hui perçu comme un pilier de l'identité panafricaine, il est en réalité un héritage de la colonisation. Ce sont les commerçants néerlandais qui, après avoir copié la technique du batik indonésien, l'ont diffusé en Afrique de l'Ouest. Avec un formidable succès. Toute l'audace de Pathé'O est d'avoir réinterprété l'usage du wax en l'utilisant pour une multitude de pièces : sweat-shirts, chemises, pagnes tissés, vestes, manteaux, robes, écharpes... Après avoir remis le wax à la mode à la fin des années 1980, le couturier bascule dans une autre dimension lorsque Nelson Mandela arbore une de ses chemises à l'occasion d'une visite en France en 1997. Grâce

[2] https://afriquemagazine.com/fashion-power

à ce coup de pub de l'icône de la lutte antiapartheid, on se bouscule dans ses boutiques. Nombre de chefs d'État et de vedettes du Continent sont aujourd'hui de fidèles clients : le roi du Maroc Mohammed VI, le président du Rwanda Paul Kagame, le musicien Koffi Olomidé, Naomi Campbell...

Seidnaly Sidhamed, *alias* Alphadi, a bâti sa réputation sur un leitmotiv semblable à celui de son confrère Pathé'O : convaincre les Africains de s'affranchir de tout complexe vis-à-vis de la mode occidentale. Nigérien né en 1957 à Tombouctou, au Mali, il est surnommé « le Magicien du désert ». Formé en France, il lance son propre label en 1983. Quatre ans plus tard, la Fédération française de la haute couture et de la mode lui confère l'Oscar du meilleur styliste africain. Sa marque de fabrique ? Combiner designs modernes et artisanat traditionnel en puisant dans les cultures haoussa ou touareg. « Mes vêtements sont les produits du sable », a coutume de dire celui qui privilégie des lignes sobres rehaussées par l'éclat de matières comme la soie, le raphia ou le lin. Depuis 1998, Alphadi organise tous les deux ans l'incontournable Festival International de la Mode Africaine (FIMA), dont la première édition s'est tenue au beau milieu des dunes du désert du Tiguidit. De grands noms comme Jean Paul Gaultier, Kenzo ou Paco Rabanne ont fait le pèlerinage du Niger.

Au prix d'une incroyable ténacité, ces pionniers ont remporté un pari qui semblait fou : faire une place à la mode africaine sur la carte de la planète fashion. Ils ont aussi suscité des vocations, comme en témoigne la bonne fortune du jeune modéliste ivoirien Gilles Touré, dans le droit fil de son « mentor » Pathé'O. Pour autant, ces *success stories* individuelles n'ont pas renversé les équilibres du marché global. Certes, les maisons Pathé'O et Alphadi peuvent revendiquer une assise enviable sur le Continent. En 2021, la première comptait des boutiques dans une dizaine de pays africains et employait une soixantaine de personnes. Reste que leur audience est essentiellement continentale et que leur business est à bien des égards une affaire de niche, comme le reconnaît Pathé'O lui-même : « Nous manquons de moyens, je suis un créateur et un artisan. Je ne suis pas un industriel et pour pouvoir conquérir des marchés, je dois trouver des partenaires[3]. »

Dans ces conditions, la nouvelle génération de *fashion designers* n'est-elle pas condamnée à connaître la même trajectoire et les mêmes frustrations que celles de ses aînés ? Le vieux sage de Treichville, à Abidjan, n'est pas loin de le penser. « Elle doit pouvoir se battre à partir d'une base solide, juge-t-il. Or, on ne peut pas s'appuyer sur le vide pour sauter[4]. »

[3] www.businessnews.com.tn/success-story--pathe-ouedraogo-le-styliste-burkinabe-qui-a-habille-nelson-mandela, 519,80211,3

[4] www.jeuneafrique.com/mag/735553/culture/mode-patheo-plus-de-cinquante-annees-de-carriere-portees-par-nelson-mandela/

Le dernier plafond de verre

À titre personnel, je ne partage pas ce pessimisme. Pour une multitude de raisons que nous aurons l'occasion de détailler en profondeur. Nous l'avons vu, la mode mondiale est déjà imprégnée d'un esprit créatif africain. Demain, j'en suis convaincue, elle sera proprement africaine. Mais comment expliquer que beaucoup n'aient pas encore conscience de cette lame de fond ?

Cela tient en grande partie à l'héritage hégémonique des grandes « capitales » fashion que sont Paris, Londres, Milan et, dans une moindre mesure, New York. À elles quatre, ces métropoles donnent le ton du bon goût. Elles définissent des règles esthétiques et organisationnelles qui peuvent s'apparenter à des formes de « diktat ». Imane Ayissi, qui s'est donné tant de peine pour intégrer le calendrier officiel de la haute couture, le reconnaît sans ambages : « Pour candidater, en plus des critères exigeants de confection, il faut également bénéficier du parrainage d'autres acteurs du milieu : dans mon cas, cela a été grâce à la maison Saint Laurent et à Didier Grumbach [ex-président de la Fédération française de la haute couture et de la mode, NDA]. Ce caractère sélectif est une bonne chose pour faire de la semaine de la couture un précieux écrin, mais cela contribue peut-être aussi au fait que cela demande infiniment plus de temps aux designers qui ne viennent pas du sérail[5]. »

[5] https://mixtemagazine.com/article/black-designers-matter/

Moyennant quoi, si un grand de la mode africaine comme Pathé'O est jugé suffisamment talentueux pour collaborer avec Dior, ses critères de production ne sont pas jugés à la hauteur des standards très codifiés du calendrier de la haute couture : chaque création doit être réalisée à la main, au sein d'ateliers composés de vingt personnes minimum, ces unités de travail étant elles-mêmes divisées entre atelier « de flou » (matières et silhouettes fluides) et atelier « de tailleur » (pantalons, manteaux, vestes)… La question de la saisonnalité des collections constitue une autre illustration de ce malentendu entre grandes places de la mode de l'hémisphère Nord et designers de l'hémisphère Sud. En toute logique, ces derniers doivent déployer de grands efforts pour adapter leurs créations à une double saisonnalité automne/hiver, printemps/été, qui ne va pas de soi lorsqu'on vit et travaille toute l'année sous les auspices des climats subsahariens !

Enfin, considérons l'enjeu des perceptions et de ce qu'il faut bien appeler une forme d'appropriation culturelle. Soumises à la pression de « l'*inclusive design* », ce mouvement censé favoriser la représentation des populations minoritaires, certaines grandes marques européennes versent encore dans un exotisme maladroit. Il en fut ainsi du défilé printemps/été 2016 de Valentino, esthétiquement flamboyant mais symboliquement polémique. Dans le cadre de l'Espace Éphémère du jardin des Tuileries, à Paris, la griffe italienne présente alors un bataillon de guerrières à tresses, en robes incrustées de plumes, de perles et d'imprimés figurant des animaux de la savane. Au-delà même de ces représentations « tribalistes » quelque peu stéréotypées, un élément en particulier fait tiquer : la majorité de ces mannequins sont… blancs. Un écueil largement épinglé sur les réseaux sociaux à l'époque. Certes, l'on pourrait considérer qu'Yves Saint Laurent n'a pas agi autrement avec sa collection bambara. Mais ce qui faisait figure en 1967 d'hommage audacieux à la création africaine apparaît aujourd'hui comme dépassé, voire inconvenant, compte tenu du progrès des connaissances et de l'évolution du regard sur la mode du Continent.

S'il ne faut pas faire un drame de ces *fashion faux pas*, il ne faut pas non plus être dupe du tort qu'ils causent, puisqu'ils contribuent à camoufler la richesse, la diversité de styles et le caractère avant-gardiste des designers africains contemporains. La vogue de la mode « ethnique » pose le même type de problème. Encore aujourd'hui, nombre de magazines féminins font la promotion d'un style « bohème chic » qui mélange, dans un grand fourre-tout opportuniste, influences africaines, latino-américaines ou asiatiques, l'essentiel étant de stimuler chez l'acheteur le goût des horizons lointains. Il suffit de feuilleter ces revues pour prendre conscience de l'ampleur du travail culturel encore à mener. Il est intéressant de souligner que même des personnalités informées et sensibles à la cause de la création africaine peuvent être victimes de ces représentations stéréotypées. En 2018, Naomi Campbell jette un pavé dans la mare en appelant à la création d'un *Vogue Afrique*, déclinaison pour le Continent de l'illustre magazine de mode américain. « L'Afrique n'a jamais eu l'opportunité de faire valoir sa contribution au monde de la mode, de voir ses tissus, ses produits et ses designs acceptés au niveau mondial. Ce n'est pas normal », juge-t-elle auprès de l'agence Reuters, en marge de l'Arise Fashion Week de Lagos[6]. L'intention est certes juste et louable mais d'aucuns dénoncent une approche trop généralisatrice : il n'y a pas UNE mode africaine, puisqu'il y a autant de modes africaines qu'il y a d'États et même de peuples au sein du Continent.

Face au diktat « ethnique », les designers africains sont confrontés à un défi ambivalent : ne pas se laisser réduire à des origines folklorisées, tout en revendiquant un langage et une histoire qui leur sont propres. Kenzo n'a-t-il pas fait face au même dilemme en son temps ? Le couturier d'origine nippone l'a surmonté en proposant des créations en phase avec son époque, sans renier ses influences japonaises. La ligne de crête peut sembler étroite. Mais tout porte à croire que ce challenge est en passe d'être relevé. Après s'être abreuvé pour certains aux meilleures sources de la création européenne, une génération montante de stylistes africains réussit à fusionner ses multiples identités. Surtout, la reconnaissance de Milan, Paris ou Londres n'est plus leur ultime horizon. Un exemple ? Au début de l'année 2023, Thebe Magugu décide brusquement de prendre du recul par rapport aux feux de la rampe européens. Plus question d'honorer tous les rendez-vous du calendrier fashion et autres shows à gros budget. Interloquée, je lui

[6] https://ladn.eu/entreprises-innovantes/pour-la-creation-dun-vogue-afrique-naomi-campbell-milite-les-reactions-sont-mitigees/

demande ses raisons. « Je veux d'abord faire ce que j'aime, pas uniquement ce qu'on attend de moi », me confie-t-il. Le jeune Sud-Africain, collaborateur de marques aussi renommées que Dior, Adidas ou AZ Factory, entend donner la priorité à son marché local et régional. Sa stratégie ? Muscler la vente directe aux consommateurs, notamment par le biais de sa boutique en ligne, et trouver de nouveaux revendeurs au-delà de ses magasins partenaires actuels en Côte d'Ivoire et au Nigeria. « Je veux travailler à mon rythme et construire avec mes clients une relation directe, qui ait du sens », explique-t-il[7].

Pour Thebe Magugu, ce repli sur sa base sud-africaine ne signifie pas qu'il aurait perdu de vue son rêve de construire une marque globale. Bien au contraire, juge-t-il, c'est en concentrant son énergie sur la région du monde dotée du plus fort potentiel que ce projet pourra être mené à bien. C'est aussi une preuve supplémentaire, s'il en fallait, que les créateurs africains n'attendent plus l'imprimatur de l'Occident pour forger leur propre légitimité. Et que le dernier plafond de verre est en passe de sauter.

[7] www.businessoffashion.com/articles/luxury/thebe-magugu-african-designer-2023/

Chapitre 2

Le temps de la convergence

Pourquoi ne pas se distinguer en étant tout simplement soi-même ? **GUSTAVE THIBON**

Treize mai 2000. *The Economist* titre en une « Africa, the Hopeless Continent » (« Afrique, le continent sans espoir »). Sur la couverture de la publication maculée de noir, la photo d'un guérilléro armé d'un lance-roquettes se confond avec la silhouette de la carte du Continent. Dans ses pages intérieures, le très respecté magazine britannique décrit une région ravagée par les guerres, les famines, les catastrophes naturelles et le sous-développement. « Pour les Africains, l'aube de ce nouveau siècle est synonyme de désastres plus que de raisons d'espérer », juge l'hebdomadaire dans une sentence apparemment irrémédiable. Onze ans plus tard pourtant, *The Economist* revoit radicalement sa copie. Son édition de décembre 2011 proclame en première page : « Africa Rising » (« L'éveil de l'Afrique »). Les économies de pays comme le Ghana, le Mozambique ou l'Éthiopie, observe le journal, sont parmi les plus dynamiques du monde et « une authentique classe moyenne africaine est en train d'émerger ». En 2019, le magazine identifie cette fois une « Nouvelle ruée vers l'Afrique ». Le sous-titre a toute son importance : « Et comment les Africains pourraient en être les grands gagnants ».

Faut-il le préciser ? Je partage évidemment le même optimisme et souscris à cette vision d'un Continent éveillé et en marche. Le boom économique identifié par *The Economist* irrigue déjà toutes les strates des sociétés africaines et il y a tout lieu de penser que le secteur de la création et de la mode en sera non seulement l'un des bénéficiaires mais aussi un acteur essentiel. Incontestablement, le monde d'aujourd'hui n'a plus grand-chose à voir avec celui qui a vu éclore les premiers couturiers africains. Ceux-ci ont dû écrire une nouvelle histoire à partir d'une page blanche, au beau milieu de soubresauts financiers, géopolitiques ou militaires, tout en rivalisant avec des marques mondiales bien établies. Les jeunes talents d'aujourd'hui, eux, bénéficient d'un alignement des planètes qui va changer durablement la donne, s'ils savent en tirer parti. En voici les principaux aspects macroéconomiques et sociaux.

Chapitre 2

Premièrement, de prometteuses perspectives de croissance. Le marché de la mode et de l'habillement en Afrique subsaharienne pèse aujourd'hui 31 milliards de dollars[1]. Cela peut sembler maigre comparé aux centaines de milliards générés chaque année au niveau mondial. Mais le potentiel est considérable compte tenu des prévisions financières. En 2023, la hausse du PIB avoisinera les 4 % à l'échelle du Continent, nettement devant les taux prévus pour l'Europe ou la Chine[2]. Plusieurs pays devraient même dépasser largement cette moyenne : 6,4 % pour la RDC, 7 % pour la Côte d'Ivoire et le Sénégal ! C'est pourquoi je souris toujours quand on parle des pays africains comme des nations « vulnérables ». Cette vitalité économique a donné naissance, ces dernières années, à une classe aisée, voire très aisée, celle-là même qui dope la croissance de la demande en produits de luxe. Selon le dernier rapport 2023 « Africa Wealth Report », l'Afrique compte désormais 138 000 millionnaires (en dollars) et cette population devrait augmenter de 42 % au cours des dix prochaines années. Pas étonnant qu'elle soit aujourd'hui la deuxième région du monde à la croissance la plus rapide pour la consommation de biens et produits de luxe, juste derrière le Moyen-Orient.

Deuxièmement, un tournant numérique bien négocié. Grâce à sa vigoureuse démographie, l'Afrique dispose d'une population particulièrement jeune (70 % de ses habitants ont moins de 30 ans et n'ont pas connu la colonisation),

[1] https://edition.cnn.com/style/article/fashion-cities-africa/index.html
[2] https://lelab.bpifrance.fr/enquetes/perspectives-afrique-2023-la-croissance-serait-resiliente-mais-le-risque-souverain-progresse

urbaine (60 % de citadins) et, surtout, toujours plus connectée. Selon la Banque Africaine de Développement, le taux de pénétration d'Internet sur le Continent a bondi de 0,8 % en 2007 à 43 % en 2021 ! Une croissance exponentielle unique au monde. En termes de paiements sur mobile, l'Afrique subsaharienne est même en pole position. Cette même année 2021, selon les données du rapport annuel GSMA[3], la région a enregistré 68 % des opérations globales de *mobile money*. Chaque jour, le volume de transactions financières sur téléphone y frôle les 2 milliards de dollars (deux fois plus que dans la zone Asie-Pacifique, pour comparaison). Les jeunes marques africaines de la mode ont habilement surfé sur cette tendance, encore amplifiée par le Covid-19. À titre d'exemple, des griffes comme Christie Brown (Ghana), Loza Maléombho (Côte d'Ivoire) ou Tongoro (Sénégal) ont vu leurs ventes en ligne grimper de 50 % la première année de la pandémie. Est-ce vraiment un hasard si le premier défilé entièrement en 3D a été organisé, et retransmis en direct sur Instagram, par une marque africaine ? Un joli coup orchestré par la créatrice congolaise Anifa Mvuemba en 2020, alors que la crise sanitaire imposait partout la distanciation sociale. Le secteur fashion africain est aujourd'hui caractérisé par un grand nombre de DNVB (acronyme de *Digital Native Vertical Brand*), ces entreprises nées sur Internet et dotées de réseaux de distribution purement digitaux. Un choix, admettons-le, souvent imposé par les circonstances : il s'agit de compenser le manque d'infrastructures

[3] www.gsma.com/sotir/wp-content/uploads/2022/03/GSMA_State_of_the_Industry_2022_ExecSummary_French.pdf

et de financements par de l'agilité digitale. Mais au moins ces entrepreneurs, en plaçant le numérique au cœur de leur stratégie de communication, ont-ils l'intelligence de reprendre à leur compte la maxime de Descartes : « il faut faire de nécessité vertu ».

Troisièmement, des marques qui répondent aux nouveaux codes du luxe. À en croire une enquête du cabinet McKinsey mené dans 25 pays, les produits écoresponsables représentent actuellement 23 % des achats des grands magasins. Une proportion qui devrait se hisser à plus de 40 % dans cinq ans. Là encore, le Covid-19 est passé par là, questionnant le sens du consumérisme. Cette tendance est une formidable opportunité pour certaines maisons de mode africaine, dont les valeurs entrent en résonnance avec l'aspiration à une consommation durable : authenticité, traçabilité, promotion des savoir-faire, réinvention d'un héritage selon des codes contemporains... Jadis perçue comme un handicap, la dimension artisanale de l'écosystème africain du luxe apparaît désormais comme un précieux levier de croissance et un moyen d'affirmer un positionnement haut de gamme. Un styliste comme Thebe Magugu, qui privilégie circuits courts, matériaux respectueux de l'environnement (teintes naturelles, tissus bio) et collections limitées, l'a bien compris. Nous aurons l'occasion de revenir sur ce point central.

Quatrièmement, l'avènement d'une nouvelle fierté africaine. Cette tendance-là est de l'ordre de l'impalpable, elle échappe aux statistiques et aux bilans comptables. Elle n'en correspond pas moins à un phénomène réel et attesté par nombre d'observateurs. La multitude de jeunes créateurs qui émergent aujourd'hui partagent une même philosophie : revisiter un héritage culturel proprement africain, mais selon des codes contemporains. Le sens et l'engagement que traduisent leurs créations est au moins aussi important que l'esthétique. « Beaucoup de nos traditions, notamment vestimentaires, n'ont pas été documentées dans l'Histoire, confirme le designer sud-africain Rich Mnisi, 29 ans. Créer des looks est pour moi une manière de raconter une version d'histoire, celle de coutumes plus ou moins disparues dont on s'inspire[4]. » Traduction concrète de cette philosophie : en 2021 à Paris, le styliste nigérian Emmanuel Okoro remporte le prix de l'Africa Fashion Up, concours de mode lancé à l'initiative de Valérie Ka sous le parrainage de Balenciaga. Le jury le récompense pour ses pièces imprimées de motifs évocateurs de la guerre du Biafra. « Nous voulions raconter des histoires qui nous concernent[5] », abonde le jeune lauréat. Plus qu'une marque, plus qu'un projet vestimentaire, l'habit est le véhicule de symboles. D'où le choix de nombreux stylistes, comme Imane Ayissi, de bannir le wax. Une matière qui, par son omniprésence passée et présente, « tue le patrimoine africain[6] ». Notons que ce point de vue n'est pas hégémonique. Certains créateurs continuent de combiner imprimés wax et savoir-faire artisanaux,

---

[4] https://fr.fashionnetwork.com/news/La-creation-africaine-montre-sa-diversite-et-sa-cohesion-a-paris,1491204.html

[5] https://afrique.latribune.fr/entreprises/industrie/2021-09-21/africa-fashion-up-la-mode-africaine-s-invite-a-l-hotel-salomon-de-rothschild-892757.html

[6] https://fr.fashionnetwork.com/news/Imane-ayissi-couturier-du-patrimoine-africain-sauf-le-wax,1177095.html

sans incompatibilité de principe. C'est le cas d'« Endelea », marque phare de cette nouvelle garde créative, qui a ouvert à l'été 2023 son premier *concept store* à Milan. Sa fondatrice, Francesca de Gottardo, rappelle avec brio que le wax n'a pas dit son dernier mot. Car, comme le rappelle l'anthropologue française Anne Grosfilley dans sa passionnante somme sur le sujet[7], « la particularité du wax est d'être un tissu originaire d'Occident que les Africains se sont approprié en l'investissant de leurs propres projections jusqu'à l'ériger en allégorie de la négritude – ce qui en fait aussi sa richesse ».

La Sénégalaise Sarah Diouf est assez emblématique de ce nouveau paradigme de l'African Pride. Sa griffe lancée en 2016, Tongoro, associe à des coupes avant-gardistes, dans des tons essentiellement noirs et blancs, des motifs ancrés dans l'iconographie africaine traditionnelle. Ses pièces sont autant d'étendards qui donnent à voir l'histoire du Continent. Mais s'ils rêvent de porter haut la fierté de leurs racines, ces designers n'entendent pas pour autant se laisser enfermer dans une identité monolithique. À travers les diasporas et grâce au numérique, leur audience est globale et ils le savent. C'est d'ailleurs l'Américaine Beyoncé qui, la première, a démultiplié la notoriété de Tongoro en arborant une parure signée Sarah Diouf en 2018. Citoyens de l'Afrique, citoyens du monde, ces jeunes pousses de la création partagent finalement nombre d'aspirations avec leurs clients « afropolitains ».

[7] Anne Grosfilley, *Wax & Co. Anthologie des tissus imprimés d'Afrique*, Éditions de la Martinière, 2017, p. 251.

Ce concept, popularisé par l'écrivaine britannique d'origine ghanéenne Taiye Selasi, décrit cette génération d'Africains qui, tout en embrassant différentes influences culturelles dans un contexte mondialisé, maintient un lien fort avec une identité panafricaine. Ce mouvement de l'African Pride est à mon sens un tremplin essentiel pour l'essor de la création africaine. Il s'agit d'un phénomène endogène, porté par une population qui représente les consommateurs d'aujourd'hui et de demain. Au gré de mes séjours entre Accra, Lagos, Dakar, Nairobi et même Abidjan, où je vis, je suis toujours frappée par la vitalité et l'effervescence de ces trentenaires/quadragénaires urbains, branchés, festifs, curieux de toutes les nouveautés et ouverts à toutes les innovations. Si l'on devait dresser un portrait social de cette nouvelle intelligentsia, il faudrait souligner quelques caractéristiques récurrentes : la maîtrise de plusieurs langues ; un niveau très élevé d'éducation et de diplômes décrochés dans les écoles étrangères les plus prestigieuses (Harvard, MIT, Cambridge, HEC...) ; une expérience professionnelle le plus souvent internationale (grandes banques d'affaires, cabinets de conseil ayant pignon sur rue) ; un retour sur le Continent, où s'exprime une grande capacité d'influence au service d'une ambition commune : réécrire le narratif de l'Afrique, changer son image pour lui conférer la première place dans le concert des nations. En définitive, cette approche hybride, entre ouverture au monde et enracinement dans une identité africaine assumée et revendiquée, est sans aucun doute la clé pour intégrer le club très fermé de l'excellence fashion.

Bien plus que des vêtements, « nous afropolitains » portons un leitmotiv : réconcilier les cultures et les générations africaines, faire fi du passé, revendiquer un haut niveau d'exigence vis-à-vis de nous-mêmes comme de nos garde-robes. Pas question de s'accommoder d'une tolérance compatissante. Ce n'est pas parce qu'une tenue est *made in Africa* qu'elle ne doit pas être impeccablement bien coupée !

Une industrie en gestation

Le « laboratoire du futur ». C'est en ces termes flatteurs que l'Afrique a été distinguée par la 18e Biennale de Venise en 2023. De fait, le « laboratoire » africain dispose déjà de tous les ingrédients pour constituer une filière du luxe de classe mondiale : des designers ambitieux, nous l'avons vu, des matières premières en quantité, des artisanats d'exception et de grands évènements pour valoriser ces créations. Certains verront dans l'éclatement de ces différents acteurs un défaut de logique collective. J'y vois au contraire les prémisses d'une convergence irrésistible.

Des ressources abondantes

Dire que l'Afrique a de l'or dans les mains n'est pas une formule usurpée. Elle est d'abord un terreau ultra-fertile pour cet « or blanc » qui est à la base de toute industrie textile : le coton. Généralement effectuées à la main sur de petites exploitations familiales, les cueillettes africaines apparaissent plus minutieuses et respectueuses de l'environnement que les récoltes largement mécanisées en vigueur dans les pays industrialisés. L'Afrique de l'Ouest est de loin le premier bassin de production sur le Continent. En valeur, le Bénin, la Côte d'Ivoire et le Burkina Faso sont respectivement les 6e, 7e et 8e producteurs mondiaux d'or blanc[8]. Le cas du coton burkinabé est historiquement intéressant. Dès les années 1980, le président Thomas Sankara promeut le développement d'une filière textile solide pour son pays. Dans son célèbre discours de juillet 1987 devant l'Organisation de l'Union africaine (OUA), à Addis-Abeba, le révolutionnaire devenu homme d'État vante non sans second degré la cotonnade « produite au Burkina Faso, tissée au Burkina Faso, cousue au Burkina Faso » qui habille toute sa délégation.

Prendre en compte l'étendue totale des champs de coton cultivés, assez modeste rapportée à l'immensité du Continent, permet d'appréhender le potentiel de croissance de cette industrie. Ainsi, si l'Éthiopie, autre acteur de taille de la filière cotonnière, exploitait la totalité de sa surface propre à la culture du coton (2,6 millions d'hectares, dont seulement 5 à 6 % sont actuellement cultivés), elle ferait presque jeu égal avec la Chine ! Cette montée en puissance pourrait d'ailleurs advenir plus tôt qu'on ne le pense. Selon l'OCDE et l'Organisation des Nations unies pour l'alimentation et l'agriculture (FAO), l'Afrique subsaharienne

[8] https://oxfordbusinessgroup.com/reports/report-how-can-west-africa-boost-its-textile-and-garment-industry-in-a-sustainable-way-focus-report

devrait se hisser au troisième rang des producteurs mondiaux de coton en 2029[9]. Il y a néanmoins une ombre de taille à ce tableau attrayant : la grande majorité des récoltes sont aujourd'hui exportées vers l'Asie pour y être transformées en produits finis. Mais de plus en plus d'initiatives sont engagées dans plusieurs pays africains pour doper les capacités de transformation sur place et consolider le secteur secondaire. Nous aurons l'occasion d'y revenir. Outre les cotonnades, l'Afrique produit en moindres quantités de la laine (en Afrique du Sud, Namibie, Lesotho et sur les hauts plateaux de l'Éthiopie), du jute (au Nigeria) et diverses plantes à fibres dont la plus célèbre est sans doute le raphia (au Gabon, Cameroun, RDC, Madagascar, Nigeria).

Au-delà du textile, l'Afrique peut se targuer de ressources substantielles en matière de peaux, de cuirs et de minerais, autres matières prisées de l'industrie de la mode. Pour ce qui est des tanneries, l'Éthiopie fait figure de modèle, même si l'Afrique du Sud et le Nigeria ne sont pas en reste. Ces dernières années, nombre de grands groupes manufacturiers occidentaux, comme le suédois H&M, y ont implanté des usines. Le pays a su habilement jouer de ses atouts : un immense cheptel bovin et ovin (plus de 70 millions de têtes de bétail) dont les peaux sont reconnues pour leur résistance, et une main-d'œuvre qualifiée dans le travail du cuir grâce à des programmes de formation et à l'implication du gouvernement. En matière de métaux précieux, l'Afrique

[9] https://oxfordbusinessgroup.com/reports/report-how-can-west-africa-boost-its-textile-and-garment-industry-in-a-sustainable-way-focus-report

du Sud est toujours une locomotive planétaire, même si ses productions de diamants et d'or ont perdu un peu de leur splendeur. Dans le même temps, le Ghana, le Burkina Faso, la République démocratique du Congo ou le Soudan s'imposent de plus en plus dans le secteur de l'industrie aurifère. C'est particulièrement vrai du Ghana qui, fort d'une tradition d'extraction ancienne, a réussi à se décrocher le titre de 6e producteur mondial[10].

Des savoir-faire revitalisés

L'essentiel de ces matières premières, nous l'avons vu, est aujourd'hui voué à l'exportation. En attendant qu'il en soit autrement, il faut considérer cette réalité comme un mal pour un bien. Du fait de sa moindre industrialisation, l'Afrique regorge toujours d'artisanats et de savoir-faire qui, ailleurs dans le monde, ont progressivement disparu sous les coups de boutoir de la standardisation. La bonne nouvelle, c'est que ce secteur artisanal, même s'il est confronté à des enjeux de transmission qu'il ne faut pas sous-estimer, est de moins en moins isolé. La jeune garde créative africaine que nous avons évoquée lui donne un nouveau souffle et une nouvelle légitimité. Écoutons ce qu'en dit Sarah Diouf, la fondatrice de Tongoro, dans le documentaire *Made in Africa* réalisé en 2020[11] : « Je crois qu'il y a autant de valeur, de richesse et d'intelligence de la main dans le travail des

[10] www.resource-capital.ch/en/news/view/ghana-gold/
[11] www.tongoro.com/madeinafrica

artisans de rue de Dakar que dans n'importe quelle maison de couture européenne. Il ne tient qu'à nous de le faire savoir. » Et d'ajouter : « Quand on pense au luxe, l'Afrique doit venir immédiatement à l'esprit. Parce que c'est l'un des derniers endroits au monde où l'on a accès à du sur-mesure pour n'importe quelle pièce. Ça n'a pas de prix. »

Comme le remarque le chercheur ghanéen Ken Kweku Nimo dans son ouvrage *Africa in Fashion*[12], nombre d'autres designers ont repris à leur compte cette vision en valorisant des étoffes conçues à la main sur des métiers à tisser. Dans le sillage du pionnier Chris Seydou, qui avait fait du bogolan du Mali son textile « signature », les créations du Nigérian Kenneth Ize font la part belle à l'aso oke. Un pagne ancré dans la culture des peuples yoruba, dont les rayures bariolées sont souvent arborées pour les grandes occasions (les mariages notamment). À ceci près que le styliste revisite le tissu avec des coupes destructurées ainsi que l'adjonction de textures modernes ou non spécifiquement africaines : fil japonais, soie... De la même manière, la designeuse franco-sénégalaise Johanna Bramble participe au *revival* du manjak, confectionné depuis toujours par les tisserands traditionnels de Casamance, de Gambie et de Guinée-Bissau. Cette étoffe de prestige, investie à l'origine de significations religieuses, est obtenue principalement à partir de l'écorce de l'arbre à pain. En Afrique du Sud, c'est la laine mohair ou mérinos locale qui a la préférence de Lukhanyo Mdingi, le jeune créateur (30 ans) lauréat du prix Karl Lagerfeld

[12] Ken Kweku Nimo, *Africa in Fashion. Luxury, Craft and Heritage*, Laurence King Publishing, 2022.

2021. Faso Dan Fani du Burkina, Kente du Ghana et du Togo, Shuka Masai du Kenya, Kanga de Tanzanie, Akwete ou indigo batik du Nigeria... La diversité, la richesse et la complexité des artisanats textiles africains offrent des possibilités infinies pour les créateurs continentaux. À l'aube des indépendances, nous l'avons dit, une fièvre créatrice avait saisi les populations décolonisées dans un mouvement de réappropriation identitaire. Soixante ans après, face aux flots de tissus synthétiques importés d'Asie et à la crainte d'un déclin de la transmission dans un environnement mondialisé, les jeunes designers africains semblent impulser un sursaut créatif de même nature.

Des écrins pour la création

Qu'il semble loin le temps où l'Afrique du Sud était la seule détentrice d'une Fashion Week. En 1997, l'ancien mannequin Lucilla Booyzen fait le pari fou (en apparence) d'offrir une vitrine aux créateurs émergents ou établis de son pays. C'est la naissance de la South African Fashion Week (SAFW). L'initiative essaime ensuite non seulement au sein de la nation arc-en-ciel (qui ne propose aujourd'hui pas moins de cinq semaines de la mode différentes dans plusieurs villes !) mais aussi aux quatre coins du Continent. Chaque capitale ou grande métropole veut « sa » plateforme dédiée à la création. Lagos emboîte le pas à Johannesburg en 2007. Et depuis une douzaine d'années, le rythme s'est singulièrement accéléré : Addis-Abeba, en Éthiopie (2010), Dakar, au Sénégal (2011), Accra, au Ghana (2013), Nairobi, au

Kenya (2014), Cotonou, au Bénin (2016), Ouagadougou, au Burkina Faso (2018), Yaoundé, au Cameroun (2021)... Cette inflation de shows témoigne évidemment de l'ébullition et de la structuration croissante qui caractérisent la scène créative africaine. Mais il est aussi le signe d'un changement de paradigme psychologique de la part des *fashion designers* africains eux-mêmes : Paris, Milan ou New York ne sont plus les seuls arbitres des élégances. Toutefois, il ne faudrait pas que le foisonnement des évènements tourne au brouhaha. Ainsi pour Simone Cipriani, fondateur de l'Initiative de mode éthique (un programme de l'ONU), ce trop-plein pourrait mettre en danger la viabilité d'initiatives lancées souvent par des personnalités privées, sans soutien systématique des pouvoirs publics. « L'investissement doit se concentrer sur une ou deux grandes capitales de la mode africaine, juge-t-il, afin d'éviter le risque que les Fashion Weeks africaines ne soient pas suffisamment attractives[13]. » Le débat est ouvert !

En plus de ces multiples Semaines de la mode, les pays africains peuvent se prévaloir d'une multitude de revendeurs réputés, qui pourraient être des sources d'inspiration pour les grandes enseignes européennes. Ces commerces, grands magasins luxueux, *concept stores* sophistiqués ou boutiques de niche, proposent souvent une curation de très bonne tenue. À tout seigneur, tout honneur, l'Afrique du Sud est là encore le plus en pointe avec ses nombreux *mega-malls*

[13] www.jeuneafrique.com/39183/societe/black-fashion-weeks-la-mode-africaine-l-assaut-des-capitales/

à l'américaine. Ce qui n'a rien d'étonnant pour un pays qui concentre le tiers de la consommation de produits de luxe en Afrique. Dans l'iconique centre commercial Hyde Park Corner de Johannesburg, on peut trouver des marques internationales du luxe et du design (Burberry, Armani, Louis Vuitton) mais aussi le label de jeans haut de gamme Tshepo, créé par le Sud-Africain Tshepo Mohlala. À Lagos (Nigeria), dans le très raffiné *concept store* Temple Muse conçu par l'architecte britanno-ghanéen David Adjaye, cohabitent Balmain, Givenchy, Lanvin et une sélection pointue d'étiquettes émergentes *made in Africa* : Christie Brown (Ghana), Tokyo James (Nigeria), Alia Baré (Sénégal)… En parallèle des enseignes physiques, l'e-commerce joue aussi un rôle déterminant dans une région de plus en plus connectée. Preuve de l'influence dominante du Nigeria, deux des places de marché les plus populaires et réputées (entre autres) pour leur gamme de produits de mode sont originaires de ce pays : Jumia et son rival direct Konga. Citons encore Superbalist.com, poids lourd sud-africain entièrement tourné vers l'univers fashion, à l'instar d'Afrikrea.com, start-up lancée en 2016 en France par deux entrepreneurs maliens mais qui se déploie désormais depuis Abidjan.

Au terme de ce tour d'horizon, tous les espoirs semblent permis pour la création africaine. Une génération de créateurs ouverts à l'altérité mais fière de ses racines, une classe moyenne connectée et des diasporas vibrantes, des savoir-faire d'exception qui ne se résignent pas à disparaître et… un *soft power* culturel qui n'a pas fini d'étonner le monde.

Chapitre 3

Le nouveau *soft power*

La culture est au début et à la fin de tout développement.

LÉOPOLD SÉDAR SENGHOR

Le 6 avril 2014, l'Office national des statistiques du Nigeria publie un communiqué qui fait l'effet d'une bombe : Abuja y déclare occuper désormais la première place au classement des économies africaines, devant l'Afrique du Sud, reléguée sur la deuxième marche du podium. Entre 2012 et 2013, le PIB du pays le plus peuplé du Continent serait passé de 262 à 510 milliards de dollars, soit une hausse vertigineuse de presque 95 % [1]. Sa ministre des Finances, Ngozi Okonjo-Iweala, se frotte les mains : « Nous devenons la 26e économie dans le monde ! » Par quel miracle cette prouesse a-t-elle été rendue possible ?

Le Nigeria a en fait procédé à un *rebasing* (terme que l'on pourrait traduire comme « changement de base ») de son produit intérieur brut, c'est-à-dire qu'il a recalculé son PIB en prenant en compte le développement de secteurs largement passés sous les radars depuis plus de trente ans : à savoir les télécommunications, la production musicale et Nollywood, l'industrie cinématographique locale. Or, entre 1990 et 2013, tous ces secteurs ont connu un essor exceptionnel. Cette nouvelle méthode de calcul a permis de donner aux investisseurs étrangers une vision exhaustive de la décomposition de l'économie nigériane, résumée en ces termes par la Banque africaine de développement[2] : « La part de l'agriculture est passée de 33 % à 22 % du PIB [...], celle de l'industrie manufacturière de 2 % à 7 % et celle de l'extraction minière et pétrolière de 39 % à 20 %. » La BAD souligne surtout que le poids des services a grimpé de 26 % à 51 %, grâce au renfort des nouveaux secteurs du divertissement et des télécoms, qui pèsent respectivement 8,7 % et 1,3 % du PIB. Dans le sillage du Nigeria, 37 pays africains ont d'ailleurs fait part de leur intention de procéder à un *rebasing* de leur PIB afin d'y intégrer les évolutions dans la consommation et

[1] www.lesechos.fr/2014/08/afrique-du-sud-nigeria-le-duel-des-geants-308026
[2] www.afdb.org/en/news-and-events/nigeria-becomes-largest-economy-in-africa-with-509-9-billion-gdp-12981

la production[3]. Celui du Kenya a ainsi grimpé de 25 % en septembre 2014.

Ne nous y trompons pas, le boom du produit intérieur brut nigérian ne représente pas qu'une simple modification statistique. Il est le signe avant-coureur d'une révolution copernicienne : l'impact des industries culturelles et créatives (ICC) dans la création de richesses commence enfin à être pris au sérieux par les gouvernements. En quoi est-ce important pour la problématique qui nous concerne ? Pour la simple raison que les mécanismes de soutien à la création culturelle contemporaine qui existent aujourd'hui vont inéluctablement être répliqués pour le secteur de la mode et de la création. Tout ceci s'inscrit dans le vaste mouvement de convergence que nous décrivions précédemment dans le chapitre 2.

De l'agriculture à la culture

Certes, les pouvoirs publics africains ont longtemps sous-estimé la plus-value des industries créatives. Dès les années 1960, les nations nouvellement indépendantes ne jurent que par l'agriculture et l'industrie comme leviers de « l'émergence ». C'est l'époque où Kwame Nkrumah, héraut ghanéen du panafricanisme, se rend en URSS pour s'inspirer de la politique d'industrialisation soviétique. C'est aussi

[3] www.agenceecofin.com/economie/0905-19892-apres-le-nigeria-37-pays-africains-vont-recalculer-leur-pib-en-2014

celle du fameux « miracle ivoirien », ces deux décennies de prospérité caractérisées par de très toniques exportations de cacao. Je me souviens que, dans mon enfance, l'unique chaîne nationale du pays rabâchait chaque matin et chaque soir ce slogan issu d'un discours de Félix Houphouët-Boigny, père fondateur de la nation : « Le succès de ce pays repose sur l'agriculture. »

Même les sévères désillusions des années 1980 ne conduisent pas à remettre en cause le rêve de décollage économique par le sacro-saint binôme « agriculture-industrie ». La culture reste le parent pauvre des stratégies de développement. C'est d'autant plus vrai que dans les décennies postindépendance, l'emprise des anciennes puissances colonisatrices est restée forte. À bien des égards, les échanges culturels continuent de fonctionner aujourd'hui à sens unique, de l'Europe vers l'Afrique, par le biais de la francophonie ou du Commonwealth.

Mais depuis quelques années, ce dogme vacille sur ses bases. Les répercussions psychologiques de la redéfinition du PIB nigérian ont été profondes. L'évolution rapide d'Internet et des technologies numériques, principaux vecteurs de visibilité pour les productions du secteur culturel, a aussi joué un rôle moteur dans la réappropriation par les sociétés africaines de leur identité et de leur patrimoine. Désormais, les États du Continent se soucient de cultiver un *soft power* propre.

Pour rappel, le *soft power* est un concept introduit par le politologue américain Joseph Nye en 1990 dans son best-seller *Bound to Lead. The Changing Nature of American Power*. Il peut se définir comme la capacité d'un État à rayonner sur la scène internationale et à influencer les comportements des autres pays par des moyens autres que coercitifs ou militaires. Les États-Unis sont évidemment le modèle le plus abouti de *soft power* étatique. Hollywood, Disney ou Facebook jouent un rôle clé dans la diffusion à l'échelle planétaire des normes culturelles et politiques américaines. Nous pourrions également invoquer le cas de la Corée du Sud, dont l'aura a largement dépassé les frontières grâce à ses stars de *Korean Pop* (ou K-pop), ses séries télévisées comme le retentissant *Squid Game*, ou encore ses cosmétiques (la k-beauty).

Plusieurs pays africains sont déjà engagés dans cette course mondiale à l'attractivité et au *nation branding* (promotion de l'image de marque du pays). La preuve ? Brand Finance, un cabinet britannique de conseil en évaluation de marques, publie chaque année un « Index global de *soft power* » qui fait autorité[4]. Celui-ci mesure l'influence des États sur la base de huit critères : éducation et science, médias et communication, relations internationales, culture et traditions, population et valeurs, avenir durable, gouvernance, affaires et commerce. En 2020, les seuls pays du Continent pris en compte par l'étude étaient l'Afrique du Sud et le Nigeria. Soit 3 % des pays du classement. Trois ans plus tard, en 2023, plus de 17 % des nations passées au crible par Brand Finance étaient des pays d'Afrique subsaharienne,

[4] https://brandirectory.com/softpower/report

dont : le Rwanda, le Botswana, le Cameroun, Madagascar, le Mozambique, le Soudan, le Zimbabwe et la République Démocratique du Congo. Aucun ne figure dans le Top 20 mais leur seule présence démontre qu'on ne peut plus traiter le continent comme un seul pays, ni comme une unité et encore moins comme une quantité négligeable en matière de *soft power*.

« Les industries culturelles et créatives d'Afrique sont sans doute à l'aube d'une renaissance », appuie la Banque africaine d'import-export (aussi appelée Afreximbank) dans son rapport sur le commerce pour 2022[5]. Même si, soyons justes, la plupart des initiatives visant à stimuler ces activités sont portées par la société civile. « Nombre de pays africains sont dépourvus de cadres politiques clairs et cohérents pour soutenir leur secteur culturel et créatif », regrette l'institution. L'Union Africaine (UA), donnant l'exemple, a pourtant proclamé 2021 « année des arts, de la culture et du patrimoine ». Et certains gouvernements ont commencé à s'investir consciencieusement. Zoom sur deux modèles éloquents.

Le Bénin : petit pays, grande stratégie !

Fin 2022, le gouvernement béninois a frappé un grand coup en dévoilant un investissement de 2 milliards d'euros dans ses ICC à horizon quatre ans. Soit tout de même 13 % du

[5] https://media.afreximbank.com/afrexim/Africa-trade-report-2022.pdf

PIB du pays ! Quelques mois plus tôt, magnifique symbole, le palais de la présidence, à Cotonou, exposait les 26 objets du trésor d'Abomey restitués par la France après cent vingt-neuf années d'exil. Riche en coton mais dépourvu d'hydrocarbures ou de métaux précieux, la petite République ne lésine pas sur les projets muséaux grandioses afin de concrétiser son ambition : devenir « une destination culturelle mondiale[6] ». Après l'inauguration du Musée international de la mémoire et de l'esclavage (Mime) à Ouidah, trois autres institutions doivent ouvrir leurs portes d'ici 2024[7] : le Musée international du Vodun (MIV), à Porto-Novo, le Musée de l'épopée des Amazones et des Rois du Danhomè (Meard), à Abomey, au cœur d'un site classé au patrimoine mondial de l'Unesco, et le Musée d'art contemporain de Cotonou, lui-même logé au cœur d'un futur « quartier culturel » doté de galeries, de commerces et de résidences d'artistes. Tous ces grands chantiers sont financés par l'État mais aussi par certains organismes étrangers comme l'Agence Française du Développement (AFD) ou Bank of China, mise à contribution pour l'édification d'un complexe touristique près du musée de Ouidah. Enfin, saluons l'annonce par le ministre de la Culture béninois d'un projet de loi sur le mécénat (dont le pays est pour l'instant dépourvu) afin d'encourager les entreprises à investir dans le secteur.

[6] www.lepoint.fr/culture/quand-le-benin-mise-sur-la-culture-16-07-2022-2483494_3.php&cd=13&hl=fr&ct=clnk&gl=fr
[7] www.jeuneafrique.com/1328951/culture/au-benin-un-chantier-patrimonial-et-memoriel-colossal/

Chapitre 3

Quand le géant nigérian s'éveillera...

Impossible de ne pas s'attarder sur les caractéristiques de cette nation hautement culturelle, principale locomotive régionale et continentale. À tel point que certains parlent de « nigérianisation » de la culture pop africaine. Comme l'a documenté l'universitaire sud-africain Oluwaseun Tella dans un riche ouvrage[8], le *soft power* du Nigeria repose sur ses multinationales, ses méga-églises, sa nombreuse diaspora mais surtout sur un secteur des arts et du divertissement dominé par les industries cinématographiques et musicales.

Le film *Living in Bondage*, sorti en 1992, est considéré rétrospectivement comme la première œuvre de Nollywood. Le terme lui-même (contraction de « Nigeria » et « Hollywood ») a été introduit quelques années plus tard par le journaliste du *New York Times* Norimitsu Onishi. À l'époque, la production cinématographique locale fonctionne largement en *direct-to-video*, c'est-à-dire qu'elle est diffusée directement sur supports VHS, sans passer par la case exploitation en salle. Depuis, Nollywood a progressé à pas de géant. L'industrie nigériane emploie près de 300 000 personnes et connaît un taux composé de croissance annuelle de 10 %[9]. Avec quelque 2 500 films produits chaque année, elle dépasse Hollywood en termes de

---

[8] Oluwaseun Tella, *Africa's Soft Power. Philosophies, Political Values, Foreign Policies and Cultural Exports*, Taylors & Francis Ltd., 2021.

[9] https://media.afreximbank.com/afrexim/Africa-trade-report-2022.pdf

productivité et se classe deuxième derrière Bollywood, le secteur audiovisuel indien. En Afrique même, Nollywood est hégémonique en termes d'audience. Ses films sont diffusés aux quatre coins du Continent grâce à des services de vidéo à la demande comme IrokoTV (fondé par un Nigérian de la diaspora), Afrinolly, ou par le biais de la télévision par satellite sud-africaine DStv. Alléchées par ce réservoir croissant de téléspectateurs, les grandes plateformes de streaming américaines sont passées à l'offensive. En 2020, Netflix lance une déclinaison nigériane de son site de streaming, avec à la clé contenus originaux et productions nollywoodiennes. Auparavant, le géant de la VOD avait acquis les droits de *Lionheart*, première réalisation de Geneviève Nnaji, l'une des grandes vedettes des écrans nigérians[10]. En août 2022, c'est au tour d'Amazon Prime Video d'entrer dans la danse.

L'industrie musicale est l'autre pilier du *soft power* nigérian. Les rythmes entraînants de l'Afrobeat et les sonorités dansantes de l'Amapiano, genre musical originaire d'Afrique du Sud mais rapidement adopté par la scène artistique nigériane, ont conquis un public panafricain. Des chanteurs comme Wizkid, Davido, Burna Boy ou Tiwa Savage sont des stars adulées sur tout le Continent et collectionnent les récompenses à l'international. En 2021, Burna Boy, de son vrai nom Damini Ogulu, décroche le prix du meilleur album de musique mondiale aux Grammy Awards

[10] www.francetvinfo.fr/monde/afrique/culture-africaine/canal-netflix-startimes-pourquoi-se-ruent-ils-tous-vers-nollywood_3570747.html

pour *Twice as Tall*. La même année, son morceau « Destiny » est joué lors de l'intronisation de Joe Biden à la présidence des États-Unis. Deux ans plus tôt, lui et son compatriote Mr Eazi étaient les premiers artistes africains à se produire sur la prestigieuse scène du festival de Coachella. Signe que l'industrie musicale du Nigeria est devenue un phénomène global, ses meilleurs ambassadeurs s'engagent désormais avec les plus grandes majors du disque. En 2016, Wizkid signe avec Sony Music Africa un contrat à plusieurs millions de dollars, le plus gros, dit-on alors, de l'histoire de la musique africaine. En 2018, le concurrent Universal renforce sa présence à Lagos en y instaurant une antenne dédiée à la prospection de nouveaux talents.

Les autorités nigérianes ont bien compris tout le bénéfice que le pays pouvait tirer de son secteur créatif. Sur le plan économique, bien sûr. Les ICC de la République fédérale emploient aujourd'hui 4,2 millions de personnes (pour une population de plus de 210 millions d'habitants) et génèrent 10,7 milliards de dollars de revenus. Près de 3 millions d'emplois supplémentaires pourraient encore être créés d'ici 2025, générant un surcroît de cash de 4 milliards de dollars[11]. Mais il y a aussi un bénéfice d'image évident. À travers ses réalisateurs, ses acteurs et ses musiciens, le Nigeria reprend le contrôle de son narratif et contrecarre les représentations négatives qui lui sont parfois associées : corruption politique, criminalité, terrorisme de Boko Haram,

[11] https://blog.mustardinsights.com/data-that-affects-you/nigerias-creative-industry-to-generate-15billion-by-2025-p3v5G

problèmes de gouvernance... Le gouvernement a donc pris des initiatives volontaristes pour soutenir le développement de ses industries culturelles. En 2017, il a intégré Nollywood à son « Plan de redressement économique et de croissance » censé accroître les exportations de 1 milliard de dollars à l'horizon 2020. L'année 2019 a vu le lancement de la *Creative Industry Financing Initiative*. Grâce à ce schéma de prêts porté par la Banque centrale du Nigeria, banque étatique et organe de régulation du secteur, les sociétés de production cinématographique peuvent se financer à hauteur de 30 millions de nairas (83 000 dollars) et celles de distribution jusqu'à 500 millions (1,2 million de dollars). Des crédits avec remboursements souples de trois à dix ans[12]. En 2022, le pouvoir a également fait adopter une loi pour sanctionner plus durement le piratage, un fléau majeur pour Nollywood.

Du *soft* au *hard power*

La vitalité de la créativité culturelle africaine ne se résume évidemment pas aux *success stories* béninoises ou nigérianes. Il y aurait tant à dire sur le *soft power* sud-africain, plus florissant que jamais. En matière de production audiovisuelle et de musique, la patrie de Nelson Mandela est aussi incontournable que le Nigeria. Avec plus de 170 films, séries ou documentaires, elle est à l'heure actuelle le premier contributeur africain sur Netflix, rien de

[12] www.trade.gov/country-commercial-guides/nigeria-media-and-entertainment#:~:text=It%20has%20the%20potential%20to,billion%20naira)%20to%20GDP

moins[13]. Qui n'a pas esquissé quelques pas de danse au son de « Jerusalema », le hit du producteur Master KG, qui peut se targuer de plus de 500 millions de vues sur YouTube ? Le *way of life* de la nation arc-en-ciel s'incarne aussi dans une ambitieuse « diplomatie sportive », de la Coupe du monde de rugby en 1995 au mondial de football en 2010, dont l'organisation a été unanimement saluée.

Un mot encore, sur la Côte d'Ivoire, mon pays, qui ne manque pas d'atouts en matière de *soft power*. Une politique dans laquelle excellait le père de l'indépendance, Félix Houphouët-Boigny, authentique partisan du développement de l'éducation, de la culture, du sport et du tourisme (*Akwaba*, ou « bienvenue » en langue des peuples akan, n'est pas un vain mot chez nous). Au Marché des Arts et du Spectacle d'Abidjan (MASA), biennale lancée en 1993, on trouve ce qui se fait de mieux en termes de théâtre, de danse et de musique africains. La capitale économique ivoirienne vibre aussi chaque année au son du Festival des Musiques Urbaines d'Anoumabo (FEMUA). Imaginé en 2008 par A'Salfo, le mythique leader du groupe Magic System, l'évènement s'est imposé comme l'un des plus grands rendez-vous dédié à la musique en Afrique subsaharienne. Gratuit, l'évènement a vu son modèle économique conforté par son intégration au budget de l'État[14]. Ce dernier accompagne par ailleurs l'industrie du cinéma, certes encore embryonnaire si on la compare à la puissance de feu du Nigeria et de

[13] www.lepoint.fr/afrique/afrique-netflix-a-l-offensive-17-04-2023-2516664_3826.php
[14] www.rti.info/musique/2023/3/16/le-festival-des-musiques-urbaines-danoumabo-femua-desormais-inscrit-au-budget-de-letat

l'Afrique du Sud. Par le biais du Fonds de soutien à l'industrie cinématographique (Fonsic), les réalisateurs ivoiriens sélectionnés peuvent bénéficier de subventions à hauteur de 30 % du budget de leur film. Enfin, sur un plan plus politique, les ICC font partie des principaux secteurs visés par le Plan de développement quinquennal 2021-2025.

Considérer la vague culturelle africaine comme une simple tendance serait une erreur. Il s'agit d'un engouement profond, d'autant plus significatif que les États du Continent ont décidé, enfin, de capitaliser dessus. Comme s'ils avaient perçu que le *soft power* d'aujourd'hui serait le *hard power* de demain. Ces politiques de promotion sont un modèle à suivre pour les filières de la mode, de la création et de l'artisanat d'exception. Celles-ci en récoltent d'ailleurs déjà les fruits. Quelles meilleures vitrines que les feuilletons télévisés locaux ou les clips vidéo d'Afrobeat pour faire scintiller la production vestimentaire *made in Africa* ? Les dividendes sont aussi sonnants et trébuchants. Conscient du potentiel et de l'attractivité de sa scène mode, le Nigeria a par exemple institué un fonds public de 20 millions de dollars, le *Fashion Development Fund*, pour faciliter l'accès au crédit des *fashion designers*. Le Ghana, le Rwanda ou Maurice multiplient également les initiatives en ce sens.

Car, à bien des égards, l'accès aux financements privés et publics reste un défi. Une organisation politique panafricaine dédiée à la création serait-elle à même de le relever ?

Chapitre 4

Pour la création d'institutions africaines de la mode

L'Afrique n'a pas besoin d'hommes forts mais de fortes institutions. **BARACK OBAMA**

Il y a plus de vingt ans, la modéliste et cheffe d'entreprise ivoirienne Michèle Yakice constatait non sans un certain dépit: « Peu de créateurs africains réussissent à se faire connaître, car ils ne peuvent financer leur participation à un défilé, à une foire ou à un salon professionnel. Cela n'est évidemment pas le cas des Occidentaux, qui bénéficient régulièrement d'aides et de soutiens divers. Pourtant, nos créateurs ont du talent[1]. » La fondatrice de l'École Internationale de Formation Professionnelle d'Abidjan (EIFP), établissement de renom dédié aux métiers de la mode, touchait du doigt une anomalie révélatrice. Laquelle, malgré quelques progrès, n'est pas encore complètement résolue.

En Europe ou en Amérique du Nord, les États se sont impliqués de longue date dans les secteurs de la mode et du luxe. En collaboration avec les représentants de la filière, ils ont bâti tout un écosystème institutionnel et financier à même de soutenir la création.

En 1958, l'Italie se dote d'une *Camera Nazionale della Moda Italiana* (Chambre nationale de la mode italienne), association chargée de faire découvrir les stylistes européens et internationaux, mais surtout de promouvoir le *made in Italy*. La même année, celle-ci orchestre la première édition de la Fashion Week de Milan, deuxième semaine de la mode de l'histoire après celle de New York. Cette dernière est créée en 1943 sous le nom de « semaine de la presse » (*Fashion Press Week*), dans le but de contester la domination de la place parisienne. Devant le succès de la manifestation, le ministère des Affaires étrangères fait de sa conceptrice, la redoutable publiciste Eleanor Lambert, une ambassadrice officielle de la scène créative américaine. Elle est notamment dépêchée dans plusieurs pays (Allemagne, Suisse, Italie,

[1] Renée Mendy-Ongoundou, *Élégances africaines. Tissus traditionnels et mode contemporaine*, Éditions Alternatives, 2002, p. 106.

Russie, Grande-Bretagne, Australie et Japon) afin d'accroître le prestige de l'*american look*, précurseur d'un prêt-à-porter accessible au plus grand nombre[2]. En 1962, les États-Unis s'équipent à leur tour d'une structure *ad hoc* dédiée à la valorisation de leurs entreprises de mode, le *Council of Fashion Designers of America* (Conseil américain des créateurs de mode). Enfin, en 1983, le Royaume-Uni met sur pied le *British Fashion Council*, qui fusionne plusieurs organisations historiques (et parfois concurrentes) vouées à la défense des intérêts de la mode britannique. Le BFC bénéficie aujourd'hui de l'appui financier des acteurs de la filière mais aussi du gouvernement et de la ville de Londres.

Aux origines du faste français

S'il y a bien un pays où les industries du luxe jouissent de toutes les attentions du pouvoir, c'est la France. Cette « union sacrée » entre les créateurs et l'État remonte au XVIIe siècle, sous le règne de Louis XIV[3]. À l'époque, le royaume n'a pourtant rien d'un champion en matière de marchandises précieuses. Lesquelles proviennent surtout des voisins européens ou de contrées plus lointaines : verrerie d'Italie, dentelles de Flandres, soie et porcelaines de Chine... Jean-Baptiste Colbert, le puissant intendant des finances du roi, inverse la tendance en mettant le luxe au cœur de la stratégie commerciale de l'État : création de

[2] https://content.time.com/time/specials/packages/article/0,28804,2110513_2110630_2110690,00.html

[3] www.lopinion.fr/o2-week-end/linvention-du-luxe-a-la-francaise

manufactures royales (Saint-Gobain pour les glaces, les Gobelins pour la tapisserie), édiction de normes de qualité pour les métiers d'art, soutien à l'exportation par l'élimination des barrières tarifaires et par le truchement de compagnies commerciales (Compagnie des Indes orientales ou occidentales), exemptions fiscales afin de doper la compétitivité des fabricants... Sans oublier, ingrédient moins reluisant, une politique assumée d'espionnage industriel. En quelques années, Colbert et Versailles font d'un pays à la traîne la patrie européenne du raffinement.

La vision colbertiste est reprise à leur compte par les pouvoirs successifs jusqu'à aujourd'hui. En 2020, à l'occasion du coup d'envoi de la Fashion Week de Paris, Emmanuel Macron convie quelque 150 représentants de la création française pour un grand dîner sous les ors de l'Élysée. Rien n'est trop beau pour une industrie dont les exportations dépassent celles de l'aéronautique et qui « pèse » un quart des ventes mondiales de produits de luxe. Mais au-delà de ces marques de considération, les créateurs de mode tricolores bénéficient du soutien ou de l'accompagnement de toute une série d'institutions. Des organisations professionnelles ou représentatives, comme la Fédération de la haute couture et de la mode (FHCM), héritière de la vénérable Chambre syndicale de la haute couture et de la confection pour dames, fondée en 1868. Des organismes de lobbying, tel le Comité Colbert. Des établissements d'enseignement, à l'image de l'Institut français de la mode (IFM). Celui-ci a été créé en 1986 à l'initiative du ministère de l'Industrie mais surtout de Pierre Bergé, convaincu que le talent créatif devait pouvoir s'appuyer sur une expertise managériale. Citons aussi des outils comme le DEFI (aussi connu sous le nom de Comité de développement et de promotion de l'habillement), plateforme sous tutelle du ministère de l'Économie, dont la mission est d'apporter des aides à la croissance sous forme de subventions pour les entreprises du secteur.

Résumons : l'univers créatif européen en général, et français en particulier, bénéficie d'un écosystème vertueux qui accompagne les marques émergentes et établies dans leurs besoins de financements et de développement. De tels outils pourraient-ils être envisageables au sud de la Méditerranée ?

En Afrique, une organisation disparate

Bien conscients de l'urgence de mobiliser les énergies et de structurer les filières, plusieurs États du Continent ont pris les devants ces dernières années. En 2012, l'Afrique du Sud met en place le *South Africa National Fashion Council*, soutenu par le ministère du Commerce, de l'Industrie et de la Compétition. Trois ans plus tard, l'Éthiopie s'arme de son propre *Ethiopian Fashion Council*. Au Nigeria, les pouvoirs publics travaillent à la création d'un *Sector Skills Council* (Conseil sectoriel des qualifications) pour épauler le secteur du textile et de la mode[4], une demande pressante et

[4] www.thisdaylive.com/index.php/2023/06/08/private-sector-operators-move-to-establish-initiative-to-empower-fashion-designers

ancienne des organisations professionnelles. À noter qu'il arrive que les structures se télescopent, au risque d'une certaine illisibilité. En Afrique du Sud cohabitent ainsi le *South Africa National Fashion Council* et le *Cape Town Fashion Council*, fondé quelques années plus tôt.

Il n'existe pas en revanche d'institutions panafricaines de plein exercice. Seulement des dispositifs isolés ou fragmentaires, qui ont certes leur utilité. Par exemple Fashionomics, la plateforme en ligne de la Banque africaine de développement, déjà évoquée. Citons également le *Creative Africa Nexus* (Canex). Ce programme a été mis en place en 2019 par la Banque africaine d'import-export (Afreximbank), institution financière qui s'est donné pour mission de faciliter le commerce intra-africain. Il propose aux entrepreneurs des opérations de mentorat, de renforcement de capacités, et les met en relation avec des acheteurs internationaux. Grâce à un partenariat avec l'illustre salon Tranoï, 17 designers ont ainsi pu présenter leur production en marge de la Fashion Week de Paris, en mars 2023[5]. Le Canex tente aussi d'attirer les investisseurs à domicile, au moyen de « week-ends » de conférences aux allures de grands shows, stars internationales à l'appui. Il y a toutefois un hic : le programme de la Banque africaine d'import-export cible l'ensemble des industries créatives et culturelles, pas seulement la mode. L'*International African Trade Fair* (IATF), une foire bisannuelle lancée à l'initiative

[5] https://fr.fashionnetwork.com/news/La-creation-africaine-montre-sa-diversite-et-sa-cohesion-a-paris,1491204.html#msgm

d'Afreximbank, de l'Union africaine (UA) et du secrétariat de la Zone de libre-échange continentale africaine (ZLECAf), a été pensée sur le même modèle transversal. Or, les *fashion designers* présentent des problématiques propres qui requièrent des solutions propres.

En avril 2023, Temwa Gondwe, le directeur de la Banque africaine d'import-export, annonçait vouloir remédier à cette carence par la création d'une « Alliance panafricaine de la mode ». « Une sorte de coopérative, expliquait-il[6], qui rassemblera les opportunités de cette industrie, et permettra de mettre en place des ressources communes (marketing, approvisionnement, production...) de façon à maintenir une relation avec et entre les créateurs africains. » À voir comment ce projet bienvenu se matérialisera. Et si les bonnes volontés tiendront sur le long terme. Car, malheureusement, les effets d'annonce et les entreprises avortées existent aussi en la matière. En 2019 à Addis-Abeba, l'Union africaine, la BAD et d'autres partenaires institutionnels lançaient officiellement la *Pan-African Fashion Initiative*[7]. Quatre ans plus tard, l'on peine à être informé de ses retombées concrètes.

[6] www.lefigaro.fr/industrie-mode/temwa-gondwe-la-mode-africaine-a-tout-pour-devenir-un-contributeur-important-de-notre-economie-20230406

[7] www.afdb.org/fr/news-and-events/african-union-fashionomics-africa-supports-launch-of-pan-african-fashion-initiative-19024

Chapitre 4

Le dernier étage de la pyramide

Les entreprises précédemment citées sont précieuses mais l'observateur ne peut se départir d'une impression de cacophonie et d'inaboutissement. Il est temps d'aller plus loin. C'est pourquoi je lance un appel à la création d'une organisation panafricaine de la mode. Le lancement d'une telle institution est une impérieuse nécessité pour permettre à notre création de s'institutionnaliser et de s'organiser, afin qu'elle puisse imposer sa voix propre. Essayons d'en imaginer les contours.

D'abord, pourquoi « panafricaine » ? Premièrement, parce que cela a du sens. Les étoffes et les styles, autrefois réservés à certaines régions (et à certaines castes au sein même de ces régions), n'ont jamais autant circulé d'un bout à l'autre du Continent. Arborer une chemise en kente *made in Ghana* au Kenya ou une robe en bogolan *made in Mali* au Congo-Brazzaville n'a plus rien d'extravagant.

Deuxièmement, parce que c'est une nécessité économique. Face aux marchés européens, américains ou asiatiques, l'échelon continental est le plus pertinent. Faire dialoguer 54 représentations d'un écosystème créatif avec les principales places mondiales de la mode n'a plus de sens. « Aucun de nous, en agissant seul, ne peut atteindre le succès », disait Mandela. L'absence actuelle d'interlocuteur unique alimente un déséquilibre dans le dialogue Nord-Sud. Or, la scène fashion africaine n'a pas vocation à se contenter d'un strapontin dans les organisations de mode internationales ou européennes.

De même, le terme de « haute couture » n'est pas réservé à l'Occident. Le rôle de l'Organisation Panafricaine de la Mode serait d'imposer une définition de la haute couture enracinée dans les réalités du Continent. Certes, il y a partout unanimité sur les ingrédients qui font le luxe : des matériaux de premier choix, des savoir-faire uniques et séculaires, des produits esthétiques, exclusifs et souvent rares. Mais tout en répondant à ces critères, le luxe à l'africaine a son identité propre. Celle-ci repose sur le mariage de compétences immémoriales et l'aspiration à l'universel des créateurs contemporains, loin des stéréotypes folklorisants. Comme remarquait le regretté Chris Seydou en son temps : « Je fais partie de cette génération de jeunes qui reste profondément africaine tout en s'ouvrant au monde. Aussi, j'adapte mon "africanité" aux techniques occidentales[8]. »

Voilà pour la « raison d'être » de cette institution. Esquissons maintenant son mode de fonctionnement. L'Organisation devrait être un « chef d'orchestre » à la fois administratif et politique. C'est pourquoi seule l'Union Africaine, émanation des États, a la légitimité démocratique pour impulser ce projet. Chaque nation y serait représentée et le financerait par une subvention ou une dotation, proportionnelle à son poids économique. L'institution aurait

[8] Renée Mendy-Ongoundou, *Élégances africaines. Tissus traditionnels et mode contemporaine*, Éditions Alternatives, 2002, p. 72.

aussi la possibilité de recourir à des bailleurs internationaux, comme l'Unesco, ou à des mécènes privés. Côté gouvernance, le modèle onusien peut être source d'inspiration. Comme il y a un Conseil de sécurité des Nations Unies, il y aurait un « conseil de la création » avec rotation des membres et de la présidence. Un « comité créatif » lui serait adjoint. Les personnalités établies ou émergentes de la création africaine appelées à y siéger seraient investies d'une fonction de relais, de conseil et de prospective. Évidemment, la forme de l'Organisation serait déconcentrée, avec un siège et des antennes régionales dans chaque zone du Continent. Cela permettrait de faire « remonter » les préoccupations et les préconisations en matière de préservation des savoir-faire, de développement des particularités des écosystèmes créatifs...

Sur le plan de ses prérogatives, celles-ci seraient évidemment multiples. Il y a tant à faire, au-delà même des missions classiques (mais primordiales) de financements des créateurs. L'une des priorités serait de renforcer les budgets des différents ministères de la Culture, souvent les parents pauvres des gouvernements africains. Un autre chantier consisterait à cartographier le plus finement possible le paysage de la création (la taille du marché, le nombre des acteurs, leur chiffre d'affaires) afin de comprendre les besoins des marques mais aussi d'orienter au mieux les investisseurs institutionnels et privés.

L'enjeu de la formation apparaît également incontournable. L'Organisation pourrait mettre sur pied un centre d'excellence dédié aux métiers de la mode et de l'artisanat. Le Parsons de l'Afrique ! Avec, à la clé, des formations diplômantes reconnues et des partenariats à l'international. Cela donnerait aux designers de la crédibilité, susciterait des vocations dans la jeunesse et participerait à la conservation de savoir-faire dont certains sont de moins en moins transmis. À l'image de l'IFM en France, ce centre panafricain des métiers de la création proposerait des formations en gestion et management de la mode, afin que ses étudiants acquièrent un robuste bagage entrepreneurial. Comme il ne s'agit pas non plus de « muséifier » la création africaine, l'école produirait des travaux de recherche dans le domaine des nouvelles technologies : comment renforcer les capacités digitales des créateurs ? Quelle place pour la découpe laser ou l'impression 3D ? Comment jeter des ponts avec les univers créatifs européens et ceux du reste du monde ?

Il ne serait que justice d'associer étroitement à cette grande institution Alphadi, le « magicien du désert » nigérien, qui se bat depuis tant d'années pour construire sa propre « École supérieure de la mode africaine » à Niamey.

Enfin, l'Organisation Panafricaine de la Mode devrait assumer un rôle dans la régulation et la protection de la propriété intellectuelle. Un défi pressant à l'heure de l'afflux de contrefaçons et de la demande croissante de traçabilité. Il s'agirait d'encourager massivement le classement des artisanats locaux de mode en indications géographiques. Pour rappel, les IG sont des labels qui reconnaissent, protègent et garantissent la réputation de produits (souvent agricoles) associés à un territoire de production et à l'histoire d'une communauté. Ce système a une grande valeur car il renforce les identités de marque et leur désirabilité auprès des consommateurs. Trop peu de savoir-faire artisanaux sont aujourd'hui protégés par l'Organisation Africaine de la Propriété Intellectuelle (OAPI), le principal organisme intergouvernemental de certification sur le Continent. C'est le cas du Faso Dan Fani, l'éminent pagne burkinabé, enregistré en 2019[9]. Sans se substituer à l'OAPI ou à l'Union Africaine, qui agit aussi pour renforcer la propriété intellectuelle, l'Organisation se chargerait d'accompagner les coopératives de producteurs afin de les aider à se conformer au cahier des charges de l'IG. Sur ce point, des applications digitales telles que la technologie blockchain seraient d'ailleurs plus qu'utiles.

Je ne prétends évidemment pas que l'exercice de politique-fiction auquel nous venons de nous prêter soit parfaitement abouti. Loin de là. Mais au moins a-t-il le mérite d'être soumis au débat. Si d'autres s'en emparent, le complètent, l'amendent, qu'ils soient acteurs de la création ou décideurs, nous aurons progressé vers la cause qui doit nous rassembler : faire émerger une industrie de la création et de l'artisanat d'exception solide et fière à l'échelle du Continent. Vœux pieux que tout cela ? Utopie ? Rien n'est moins sûr. L'Afrique a déjà démontré qu'elle sait s'organiser quand les circonstances l'exigent. La preuve avec

[9] https://afripi.org/sites/default/files/2023-05/AfrIPI_GI_Manual_FR.pdf

Africa50 (prononcez « Africa Fifty »). Cette institution financière à caractère commercial, qui investit des milliards dans des projets de construction d'infrastructures énergétiques, a été mise sur pied en seulement deux ans. Panafricaine, elle « appartient » à la Banque africaine de développement et à 28 États du Continent. Ceux-ci en constituent les principaux investisseurs au côté des fonds souverains et des fonds de pension. Une expérience qui donne tout son sens à la maxime « l'union fait la force ». Et qui prouve que lorsque les défis du développement soutenable et de long terme de notre Continent sont pris en compte par nos gouvernements, toutes les bonnes volontés privées et publiques répondent présent.

Chapitre 5

Le temps de l'investissement

Il n'y a pas qu'un jour, demain aussi le soleil brillera.
La nuit dure longtemps mais le jour finit par arriver.
Au bout de la patience, il y a le ciel. **AHMADOU KOUROUMA**

Ce n'est pas encore la corne d'abondance mais cela commence fort à y ressembler. Jeunesse, digitalisation, urbanisation, croissance supérieure aux moyennes mondiales, tous ces facteurs font de l'Afrique une destination de plus en plus désirable pour les investisseurs institutionnels internationaux. Cela est particulièrement vrai en matière d'investissements directs étrangers. Avant la récente dégringolade provoquée par un contexte mondial morose (frilosité des marchés sur fond de guerre en Ukraine), la région a connu des niveaux record d'IDE : 83 milliards de dollars en 2021, pour les derniers chiffres disponibles[1]. Même si les flux vers l'Afrique ne représentent qu'une part modeste des investissements mondiaux, ils continuent de suivre une courbe tranquillement ascendante : 4,1 % en 2020, 5,2 % l'année suivante... Et les retours sur investissement en euros ou en dollars sont à la mesure de ces engagements, même s'ils ne sont pas toujours exorbitants[2]. Il faut ajouter aux IDE la manne financière que constituent les transferts de la diaspora. En 2021, ces envois de fonds ont représenté 41 milliards de dollars, soit le double de l'aide publique au développement.

L'embellie est encore plus parlante dans le secteur du capital-investissement, un métier qui monte en puissance dans la région depuis une vingtaine d'années. Dans son dernier rapport annuel[3], l'Association africaine du capital-investissement et du capital-risque (AVCA) en viendrait presque à saluer une ruée sur le Continent. En 2022, les levées de fonds en *private equity* y ont atteint un niveau historique de 7,6 milliards de dollars et le volume de « deals » a grimpé de 46 %, à contre-courant de la tendance globale.

---

[1] https://unctad.org/fr/news/les-flux-dinvestissement-vers-lafrique-ont-atteint-un-record-de-83-milliards-de-dollars-en

[2] Notamment car certaines économies basées sur l'exportation de pétrole sont en proie à de fortes dépréciations monétaires.

[3] www. avca. africa/data-intelligence/research-publications/2022-african-private-capital-activity-report/

Les experts de l'AVCA ont recensé 626 transactions, soit 3,5 fois plus que dix ans plus tôt ! De belles performances rendues possibles notamment, *dixit*, par « un effort concerté de gouvernements africains ces dernières années pour entretenir des écosystèmes dynamiques et favorables, permettant l'entrepreneuriat et l'investissement pour prospérer ». Les sociétés industrielles et technologiques ont été en 2022 les premières bénéficiaires des levées de fonds. Ces volumes peuvent certes paraître dérisoires en comparaison des sommes engagées en Europe, mais pour la jeune Afrique, cela relève de l'exploit.

Dès lors, comment expliquer que ces flots de capitaux privés ne « ruissellent » pas davantage jusqu'aux entreprises de la mode et du luxe ? En 2019, seulement 1,1 % des investissements dans les start-up africaines sont allés aux industries créatives[4]. C'est bien là tout l'enjeu. Les *fashion designers* africains ont la technicité, le talent et la reconnaissance. Ils n'ont pas (encore) le niveau de financement qui leur permettrait de passer d'une réalité de puissance artistique à une réalité de puissance économique.

Le salut pourrait-il passer par le soutien de marques étrangères bien établies ? Des groupes comme LVMH ou des maisons telles que Chanel sont certes ouverts à l'idée de collaborations ponctuelles avec des designers du Continent (voir chapitre 1). Mais jusqu'à présent, ces engagements ne

[4] https://cdn-website.partechpartners.com/media/documents/2020.01_Partech_Africa_-_2019_Africa_Tech_VC_Report_FINAL.pdf

se traduisent pas en investissements ou en financements concrets au bénéfice de l'écosystème créatif local. Cela est regrettable, car les acteurs de la mode africaine méritent mieux qu'un statut de faire-valoir des grandes maisons de luxe mondiales.

Reste que ces réticences peuvent s'expliquer. Il y a bien sûr un sujet autour des infrastructures de transport, de communication et d'énergie, parfois défaillantes. L'isolement du Continent des *supply chain* (ou chaînes d'approvisionnement) est un frein à la compétitivité économique de nos créateurs au niveau international. Les risques politiques et économiques, même moins prégnants qu'autrefois, peuvent aussi parfois représenter un facteur dissuasif. Les créateurs eux-mêmes ont conscience des faiblesses du fameux « climat des affaires », comme en attestait Sarah Diouf dans son documentaire produit en 2020 : « Quand tu te lances dans un projet entrepreneurial en Afrique, il faut toujours prendre en compte le contexte politique et social. Le Sénégal, ma patrie d'adoption, est un pays plutôt sûr et stable. Mais en Côte d'Ivoire où j'ai grandi, nous avons subi un coup d'État en 2000, ma famille a tout perdu [...]. Donc j'ai toujours quelque part une appréhension : si les choses tournent mal, que va devenir mon business ? Est-ce que tout ce que j'ai construit va être impacté[5] ? »

Plus de dix années après les combats nés de la crise électorale en Côte d'Ivoire, le pays apparaît réconcilié.

[5] www.tongoro.com/madeinafrica

Mais c'est maintenant au tour du Sénégal de connaître des troubles politiques ! Cette inversion des situations témoigne de la difficulté à anticiper les soubresauts économiques, sociaux et de gouvernance sur le Continent. Une instabilité d'ailleurs accentuée par la porosité des frontières et, paradoxalement, par une jeunesse qui n'a pas renoncé à l'espérance démocratique.

Quoi qu'il en soit, aucune marque africaine ne figure actuellement dans le portefeuille des grandes maisons de luxe internationales. Il y a bien eu une initiative notable en 2009. Cette année-là, LVMH acquiert 49 % du capital d'Edun, société de mode équitable lancée par Bono, l'ex-chanteur de U2, et sa femme Ali Hewson. Sans être juridiquement parlant africaine (son siège social est à Dublin), la marque fabrique alors l'essentiel de ses pièces en partenariat avec des producteurs locaux au Kenya, au Lesotho, en Ouganda, en Tanzanie et à Madagascar. Ses collections sont disponibles dans les grands magasins en France et s'offrent une belle visibilité à la Fashion Week de New York. « Nos lignes ne donnent jamais dans le folklore. Il faut remettre l'Afrique dans le commerce de la mode[6] », va jusqu'à proclamer Ali Hewson. Las, en 2018, LVMH retire ses billes de l'affaire, plombée par des difficultés financières récurrentes[7]. Le géant du luxe français se serait lassé face au déficit de rentabilité d'Edun, qui a échoué à décrocher des commandes

[6] www.liberation.fr/mode/2010/10/27/remettre-l-afrique-dans-le-commerce-de-la-mode_689375/
[7] www.capital.fr/entreprises-marches/lvmh-sort-de-la-marque-edun-fondee-par-le-chanteur-de-u2-1295348

significatives de la part de grands magasins ou de boutiques spécialisées[8].

Paradoxe des paradoxes, même des majors originaires de la région sont en retrait dès lors qu'il s'agit de s'engager. Le cas du groupe Richemont, propriété du milliardaire sud-africain Johann Rupert (deuxième fortune du Continent), est révélateur. En 1988, ce dernier redéfinit la stratégie de l'entreprise familiale, à l'origine axée sur les vins et spiritueux. À grand renfort d'acquisitions dans la joaillerie, la haute couture et l'horlogerie, le businessman afrikaner fait de sa société un géant de la planète luxe. Elle est aujourd'hui le troisième groupe mondial du secteur par son chiffre d'affaires (plus de 5 milliards d'euros), derrière les français LVMH (plus de 40 milliards) et Kering (plus de 20 milliards). Richemont contrôle des fleurons comme Cartier, Chloé, Jaeger-LeCoultre, Van Cleef & Arpels ou le site de vente en ligne estampillé luxe Net-a-porter. En tout, 27 maisons réputées dont... aucune n'est basée en Afrique ! Si l'empire de Johann Rupert est par ailleurs présent au capital de nombreuses firmes sud-africaines, les secteurs concernés sont bien loin de la mode : agroalimentaire, banques et assurances, médias... Ne nous méprenons pas, le groupe Richemont est une magnifique aventure entrepreneuriale et ses choix d'investissement lui appartiennent. Mais à l'heure où nous écrivons, force est de constater que les créateurs africains ne peuvent compter sur de grands industriels pour jouer auprès d'eux le rôle de stratèges financiers,

---

[8] https://fr.fashionnetwork.com/news/lvmh-met-fin-a-son-alliance-avec-edun, 992630.html

à l'image de ce que firent en leur temps Pierre Bergé pour Yves Saint Laurent ou Marcel Boussac, « le roi du coton », pour Christian Dior.

La philanthropie en renfort

Faute de généreux sponsors, certains *fashion designers* africains peuvent au moins bénéficier du concours d'initiatives désintéressées. Celles-ci ont essaimé ces dernières années. Citons l'*Ethical Fashion Initiative* (EFI), un précieux programme encadré par le Centre du commerce international, agence conjointe de l'ONU et de l'Organisation mondiale du commerce (OMC). Depuis son lancement en 2009, l'EFI a fait école. Sa raison d'être ? Renforcer les capacités de production des marques africaines de demain et accompagner leur développement sur le marché mondial, tout en valorisant des critères de durabilité environnementale. Mais aussi mettre en relation un vaste réseau d'artisans basés en Afrique avec des maisons de mode internationale comme Versace, Stella McCartney, Loewe, Vivienne Westwood ou Chloé. Plusieurs créateurs aujourd'hui en vogue sont passés par le programme en deux ans de l'accélérateur de l'EFI, comme la joaillière burundaise Margaux Rusita (de la marque Margaux Wong) ou le styliste sud-africain Lukhanyo Mdingi, dont nous avons déjà parlé. Ces deux talents prometteurs ont d'ailleurs fait partie de la poignée de jeunes créateurs africains qui ont pu présenter leurs collections lors de la Fashion Week automne-hiver de Paris en mars 2022. Nous pourrions encore évoquer l'initiative *Fashionomics*. Imaginée par la Banque africaine de développement (BAD), elle propose aux entrepreneurs de la mode du renforcement de capacités digitales et organise un concours annuel dont le vainqueur se voit offrir un soutien afin d'accroître la notoriété et l'attractivité de sa marque (mais sans investissements sonnants et trébuchants).

Quelques acteurs privés, rares mais enthousiastes, s'impliquent également. La Ghanéenne Roberta Annan est de ceux-là. Serial entrepreneuse, la jeune femme de 40 ans est aussi intimement persuadée que l'avenir de la mode se joue sur la rive sud de la Méditerranée. Deux ans après l'*Ethical Fashion Initiative*, elle lance sa propre structure, l'*African Fashion Foundation*. Son ONG offre des opportunités de mentorat, de formation et d'accès aux marchés aux jeunes pousses de la création africaine. Le Nigérian Kenneth Ize a été l'un de ses premiers « poulains ». Même si leurs chemins ont divergé par la suite, le finaliste du prix LVMH le reconnaît : « L'appui de Roberta Annan et de l'AFF a été essentiel quand j'ai commencé à construire mon projet[9]. »

Mais aussi méritantes soient-elles, ces interventions ne sauraient constituer un modèle à promouvoir pour la création africaine. Car celle-ci a moins besoin de charité que de liquidités. Si la philanthropie peut être un coup de pouce, elle ne peut en aucun cas représenter une solution pérenne. C'est tout le sens de mon combat de démontrer que la mode

[9] www.fashionghana.com/site/roberta-annan-iffac-invest/

de notre Continent ne doit pas quémander mais convaincre en matière d'opportunité d'investissement.

Le crédit : un parcours du combattant… et surtout de combattante !

Les fonds de capital-investissement tardent à s'engager au bénéfice du secteur de la création culturelle. Mais *quid* des outils financiers classiques proposés par les banques commerciales, à savoir l'endettement ? Là encore, le tableau est en demi-teinte.

Rappelons tout de même que, sur le Continent, les difficultés d'accès au crédit concernent la majorité des PME, quel que soit le secteur auquel elles appartiennent. Dans un rapport très complet publié en 2016[10], l'Association française des investisseurs pour la croissance (Afic) souligne qu'en Afrique « les crédits d'investissements aux petites entreprises ne représentent que 1,5 % du crédit à l'économie, soit quatre fois moins que la moyenne des pays en développement ». Le rapport expose les raisons de cette frilosité : « Le manque de données financières fiabilisées des entreprises de cette taille et leur insuffisance de fonds propres conduisent les banques soit à ne pas leur accorder de crédits, soit à le faire à des taux trop élevés rapportés aux possibilités de l'entreprise en phase de croissance. »

[10] www.franceinvest.eu/wp-content/uploads/2021/12/AFIC-Livre-blanc-du-capital-investissement-en-Afrique-2016.pdf

Dans ce contexte, les entreprises créatives du Continent, même celles dotées d'un fort potentiel, font face à une double difficulté : outre leur fragilité de marque émergente, leur appartenance au domaine de la mode est source de défiance supplémentaire pour le banquier. Un rapport du programme *Fashionomics* de la Banque africaine de développement l'explique bien : « Le secteur bancaire et les organismes de microfinance se méfient du secteur du textile et de l'habillement, perçu comme risqué et imprévisible en raison de ses caractéristiques souvent informelles. Ce qui conduit les banques à exiger des garanties et des coûts de financement disproportionnés[11]. »

Nous touchons là à un point capital. Un nombre considérable de petits entrepreneurs africains ne sont pas formalisés, c'est-à-dire qu'ils ne sont pas constitués en sociétés. Non déclarées, leurs activités échappent à tout cadre légal et fiscal. Un choix qui peut se comprendre étant donné le manque de dispositifs entrepreneuriaux incitatifs pour les créateurs d'entreprises en Afrique. À partir du moment où un business intègre le secteur formel, il doit souvent faire face à des impôts, des taxes et des réglementations complexes qui captent l'essentiel du revenu généré (voire plus) et qui découragent les bonnes volontés. Le revers de la médaille, c'est que cette absence de formalisation est un signal d'alarme absolu pour les banques, comme pour tout investisseur. Or, sans investissements, une entreprise qui

[11] www.afdb.org/fileadmin/uploads/afdb/Documents/Generic-Documents/Final_Report_AFDB_Fashionomics_-_Investing_in_the_African_Creative_Industries_for_the_Continent_s_Inclusive_Growth.pdf

veut grandir et se développer va au-devant de désillusions certaines.

Dans ces conditions, avec quelles ressources les entrepreneurs africains font-ils « tourner » leur business ? Avec leurs économies personnelles, essentiellement. 76 % des PME du Continent fonctionnent par autofinancement[12]. Les 24 % restants se partagent entre le système bancaire conventionnel ou le microcrédit. Notons que grâce aux nouveaux outils numériques, de nouvelles méthodes comme le crowdfunding tendent à se développer. Un mode de financement participatif dont les Africains s'emparent avec d'autant plus d'aisance qu'ils pratiquent depuis toujours la mise en commun de cotisations des proches, amis ou voisins afin de constituer une épargne perçue à tour de rôle.

Autre élément à même d'éclairer les contraintes qui pèsent sur les business de mode en quête de financements : la grande majorité des créateurs africains sont aujourd'hui… des créatrices. Ainsi, 95 % des étudiants de l'École Internationale de Formation Professionnelle Michèle Yakice d'Abidjan, l'un des principaux centres de formation aux métiers de la mode en Côte d'Ivoire, sont des femmes. En 2018, le site de vente en ligne Afrikrea.com a mené un sondage[13] très instructif sur le profil de ses vendeurs-créateurs. Il s'avère que 84 % sont des femmes, âgées de 35 ans en moyenne, dont un peu moins de la moitié

[12] *Ibid.*
[13] www.afrikrea.com/fr/pages/african-fashion-white-paper?iml=1#download

exerce leur activité à plein temps. Problème : la condition féminine sur le Continent (comme partout ailleurs) est un frein majeur à la levée de fonds. 70 % des entrepreneuses d'Afrique subsaharienne sont exclues du marché du crédit, plus encore que les hommes[14]. Prises entre les tâches du foyer et leur projet professionnel, parfois victimes de préjugés, elles peinent davantage à convaincre ceux qui tiennent les cordons de la bourse.

C'est en tout cas le ressenti de Sophia Schaub, créatrice de la griffe ivoirienne Olivia Perez. « Les femmes ne sont pas toujours prises au sérieux », abonde-t-elle[15]. Son parcours est assez symptomatique. Couturière autodidacte, un talent hérité de sa mère, elle lance sa marque au début des années 2010. Longtemps, sa société reste informelle. Elle vivote grâce aux minces économies de sa fondatrice, aidée de son mari. Sophia Schaub se souvient bien de ses premiers contacts avec les banques : « On me disait : "Financer de la mode ? Ah non, ce genre de chose ne rapporte pas d'argent." J'essayais de les convaincre en invoquant les *success stories* de Vuitton, Dior ou Chanel. On me répondait : "Ça, c'est bon pour l'Europe, ici cela n'en vaut pas la peine. Adressez-vous plutôt à des mécènes ou à des amis." C'était mission impossible. »

Même son de cloche du côté de Lafalaise Dion. La matière de prédilection de la jeune styliste ivoirienne est

---

[14] https://unesdoc.unesco.org/ark:/48223/pf0000379399
[15] Entretien avec l'auteur, juin 2023.

le cauri (appelé aussi « porcelaine-monnaie »), ce coquillage investi de symbolique spirituelle par plusieurs peuples d'Afrique de l'Ouest. En 2019, année de la création de sa marque, sa notoriété dépasse brusquement les frontières quand Beyoncé arbore une de ses parures de tête dans son clip « Spirit ». Malgré cette consécration, bénéficier du levier de la dette reste un parcours du combattant. « Certaines banques m'ont demandé une garantie de 10 millions de francs CFA de chiffre d'affaires, confie la magicienne des cauris. Quand on sait que le revenu minimum en Côte d'Ivoire est autour de 60 000 francs CFA, soit un peu moins de 100 euros, vous voyez ce que ça représente. Pour moi, réunir ces conditions, c'était peine perdue[16]. » Elle évoque encore ces offres de prêt remboursable sur une année : « Ça n'a pas de sens quand on connaît le cycle de production et de vente dans l'industrie du sur-mesure. » Pour payer ses artisans et maintenir en vie son business, celle qui est également journaliste pour *Elle Afrique* a dû lui allouer jusqu'à 50 % de son salaire et se charger elle-même de la communication.

Lafalaise Dion, dont la société est aujourd'hui formalisée, a finalement réussi à obtenir en 2022 un prêt auprès d'un *business angel* (investisseur providentiel). Ses pièces sont déjà distribuées par des revendeurs en Côte d'Ivoire, au Gabon, au Ghana et aux États-Unis mais la jeune femme voit plus loin : « Le financement est bienvenu pour développer de nouveaux projets. On aimerait ouvrir non pas

[16] Entretien avec l'auteur, juin 2023.

un simple showroom mais une “maison” qui serait un lieu d’expériences en lien avec l’artisanat, la culture et le bien-être. L’objectif est aussi d’explorer d’autres matériaux et de travailler avec des artisans de pays comme le Sénégal, Madagascar et le Zimbabwe. » Sophia Schaub peut elle aussi se projeter dans l’avenir grâce à un programme de financement innovant que j’ai réussi à mettre en place avec des partenaires financiers et Birimian, suite à la formalisation d’Olivia Perez.

Depuis sa boutique du quartier huppé de Cocody, à Abidjan, elle prépare pour l’année prochaine à Paris une rencontre avec des acheteurs internationaux au travers de salons et de showrooms. « Désormais, on peut s’exporter, faire des défilés à l’étranger », se réjouit-elle. Et d’ajouter dans un grand éclat de rire : « On paye aussi nos impôts, même ça, ça fait plaisir ! »

Que retirer de cet état des lieux, forcément partiel, du paysage africain de l’investissement ? D’abord une évidence : créateurs et investisseurs ont souvent du mal à parler le même langage. Pour surmonter cette difficulté, chacun doit s’investir. Pour être pris au sérieux, les créateurs doivent se prendre au sérieux eux-mêmes en relevant le défi de l’institutionnalisation. Car comme le rappelle Sophia Schaub, « sans les sous, il n’y a pas de création possible ». Chaque grande marque cache un manager talentueux, un véritable chef d’entreprise qui a su conjuguer sensibilité créative et impératif de rentabilité. De leur côté, les acteurs de l’économie doivent oser s’engager. Selon une logique financière certes, car c'est tout leur intérêt de ne pas rater le coche de l'investissement dans un secteur appelé à bouleverser les équilibres de la mode mondiale. Mais aussi selon une logique humaine : investir dans la mode, c'est miser sur un entrepreneuriat créatif essentiellement féminin, donc avoir un impact social fort.

Parce que je suis une femme issue du Continent, ayant fait toute sa carrière dans de grandes institutions de financement internationales, je me dois à mon tour de contribuer à l'essor de la création africaine par le biais de l'innovation financière.

Chapitre 6

L'innovation financière au service de la création

Vous ne pourrez évoluer à moins d'essayer d'accomplir quelque chose au-delà de ce que vous avez déjà réalisé.

RALPH WALDO EMERSON

Une fois n'est pas coutume, parlons un peu de nous. Après des années à travailler dans les métiers de la haute finance et pour des institutions financières de développement, j'ai fondé en 2021 la société Birimian

Ventures afin de donner un sens à cette expertise accumulée : valoriser les marques de luxe qui s'inspirent d'un héritage africain et accompagner leur croissance en leur permettant d'avoir accès à des ressources de long terme. Assez vite pourtant, j'ai réalisé que les outils classiques de financement des entreprises émergentes, ceux qui m'étaient les plus familiers, étaient inadaptés aux particularités des acteurs de la création et aux spécificités macroéconomiques des différents pays du Continent.

Prenons l'exemple du capital-investissement. Le *private equity*, comme on l'appelle aussi, est devenu un mode de financement incontournable sur les marchés internationaux. Il consiste pour un investisseur à prendre des participations au capital de sociétés non cotées, peu matures mais à très fort potentiel. Limitée dans le temps, la période d'investissement et de détention s'étend de cinq à sept ans maximum. Le temps pour l'actionnaire (minoritaire ou majoritaire), généralement un fonds, d'aider l'entreprise à améliorer ses performances et sa rentabilité. Au terme de la durée de détention, l'investisseur revend ses participations et réalise une plus-value, qui est son « retour sur investissement ». Nous parlons là de rendements souvent élevés, conséquences d'un risque plus important que pour d'autres classes d'actifs. Pour l'entreprise financée, les avantages sont également intéressants : bénéficier d'une manne financière conséquente bien sûr (dans le cas du capital croissance) ; diversifier ses sources de financement traditionnelles (emprunt bancaire) ; et enfin profiter de l'expertise stratégique, du carnet d'adresses et des ressources mis à disposition par le fonds de *private equity*. Voilà pour la théorie.

Ces dernières années, l'industrie africaine du capital-investissement bénéficie d'une dynamique remarquable (voire chapitre précédent). Au premier trimestre 2023, la valeur totale des levées de fonds a triplé par rapport à la même période de l'année précédente[1]. Et sur toute l'année 2022, le Continent était la région du monde la plus performante en termes de croissance du volume des transactions. Problème, les maisons de mode africaines ne tirent pas vraiment parti de cette effervescence, qui se concentre majoritairement sur les start-up de quelques secteurs : services financiers, fintechs (technologie financière), services de communication, medtechs (technologie médicale), énergies renouvelables, éducation, biens de consommation à forte croissance, les fameux « FMCG » (*Fast-Moving Consumer Goods*) chers aux acteurs de l'industrie du capital-investissement…

Notons que cette méconnaissance du capital-investissement vis-à-vis des marques de luxe émergentes n'est pas propre à l'Afrique. En France par exemple, les initiatives pour faire converger ces deux mondes se comptent sur les doigts d'une main. Il a fallu attendre 1999 pour que le pays se dote du fonds Mode et Finance, impulsé par Didier Grumbach, alors président de la Fédération de la haute couture et de la mode (FHCM), et Caroline Joubin, cadre

[1] https://afrique.latribune.fr/finances/investissement/2023-04-28/investissement-en-capital-prive-vers-de-nouveaux-sommets-de-croissance-en-afrique-960715.html

dirigeante de la division *private equity* de Natixis. Ce véhicule d'investissement, géré par Bpifrance, dispose d'une enveloppe d'une douzaine de millions d'euros pour monter au capital de jeunes maisons dans les domaines du prêt-à-porter et du luxe[2]. Il a financé, avec des succès divers, des marques comme Each Other, Nicolas Andreas Taralis, Lemaire, Anne Valérie Hash, AMI... La directrice générale de Bouchra Jarrar, autre PME bénéficiaire, n'a pu que s'en féliciter : « Leur soutien nous a permis de rester indépendants, avec des partenaires minoritaires[3]. »

Parmi les autres (rares) engagements du capital-investissement à l'égard de la création, citons LVMH Luxury Ventures, une entité créée en 2017 par le groupe de Bernard Arnault pour épauler des maisons de petite taille (mais au chiffre d'affaires déjà consistant, de 2 à 5 millions d'euros)[4]. Chacune de ces potentielles « pépites », pas forcément françaises, peut compter sur un appui financier à hauteur de 2 à 10 millions d'euros. Le portefeuille du fonds compte notamment des marques américaines comme Versed (*skincare*), Madhappy (*streetwear*) ou Gabriela Hearst (luxe et prêt-à-porter)[5]. Le Groupe LVMH a également été à l'initiative du fonds L Catterton. Avec un total d'actifs sous gestion de 30 milliards de dollars déployés dans plus de 250 investissements, la thèse d'investissement de cette

[2] https://fr.fashionnetwork.com/news/mode-et-finance-entend-mobiliser-les-industriels-du-luxe,402016.html
[3] https://business.lesechos.fr/entrepreneurs/financer-sa-croissance/0203085306584-la-bpi-au-chevet-des-artisans-de-la-mode-et-du-luxe-56182.php
[4] https://investir.lesechos.fr/actu-des-valeurs/la-vie-des-actions/lvmh-un-vehicule-dinvestissement-pour-les-marques-emergentes-1721806
[5] www.lvmhluxuryventures.com/fr/projects/

entité repose sur l'accélération de marques à fort potentiel de croissance par des prises de participation majoritaires ou minoritaires. Son portefeuille, très diversifié, comprend des marques telles que Birkenstock, Etro, Luigi Bosca ou encore Pepe Jeans.

Enfin, toujours en France, citons un autre modèle en matière de capital-investissement dédié au développement de marques : *Experienced Capital*. Ce fonds opérationnel consacré aux marques premium investit en capital croissance en France et en Europe, dans des sociétés à fort potentiel qui bousculent les codes dans tous les secteurs de la consommation (beauté et bien-être, loisirs, alimentation, tourisme, mode et accessoires, mobilité, produits et services pour animaux de compagnie, produits et services pour enfants, maison/ameublement, *consumer healthcare*...). Malgré les difficultés d'associer *private equity* et création, certains acteurs ont donc réussi en se concentrant sur des marques portées par une forte consommation.

Les vertus du capital patient

S'il est compliqué d'adosser le secteur du *private equity* à la création en Europe, cela l'est encore plus en Afrique. Pour plusieurs raisons. Premièrement, à cause de la problématique de la « sortie ». La sortie est cette étape de l'investissement où un fonds cède ses participations au capital d'une entreprise, le plus souvent à un autre fonds. Mais comme l'industrie des fonds d'investissement dédiés à la mode n'en est qu'à ses balbutiements sur le Continent, à qui revendre ses parts ? Faute de marché secondaire et donc d'acheteur potentiel, le désengagement est extrêmement difficile, voire impossible ! Deuxièmement, en raison d'un choc des cultures entre capital-investisseurs et créateurs. Le fonctionnement des fonds de *private equity* est régi par des règles strictes, voire rigides : retour sur investissement de 8 % minimum ; obligation de diversification du portefeuille pour réduire les risques, ce qui conduit à plafonner le montant des prises de participation ; cycle d'investissement limité à quelques années, afin de ne pas immobiliser les liquidités trop longtemps. Or, ce dont une marque naissante a le plus besoin, c'est d'un partenaire de long terme, prêt le cas échéant à réinvestir. D'autre part, les créateurs ont aussi leur frilosité, pas toujours complètement justifiée, vis-à-vis des investisseurs : réticences à leur donner un droit de regard sur la gestion, crainte d'une dilution du capital, surestimation de leur valorisation...

Un programme de financements catalytiques inédit

Tous ces obstacles m'ont poussé à faire preuve d'innovation. Alors que nous avions conçu Birimian selon une activité classique de fonds d'investissement, nous avons pivoté pour en faire une société financière et d'intermédiation. Pendant deux ans, sur le terrain, nous avons travaillé sans relâche à concilier les intérêts des investisseurs et des créateurs. Forts de cette expérience et de la maîtrise des langages propre à ces deux métiers, nous avons pu convaincre

Orange Bank Africa (OBA), filiale du groupe de télécommunications français, de mettre en place un programme de financement adapté aux particularités des cycles de production et de distribution des maisons de mode en Côte d'Ivoire. Celles-ci ont besoin d'un certain temps pour produire leur collection, puis d'un certain temps pour les commercialiser et pour générer des profits. Aujourd'hui, la banque digitale du groupe Orange est partie prenante de notre programme de financement des besoins en fonds de roulement des marques fashion. Le seul qui existe actuellement sur le Continent.

Concrètement, il s'agit de prêts bancaires de six à douze mois, à un taux réduit de 11 % (au lieu de 17 à 25 % habituellement pour des entreprises de petite taille). Les facilités sont renouvelables, ce qui permet d'accompagner ces PME créatives sur le long terme. Les sociétés emprunteuses ne sont pas obligées de donner de garanties sur leur actif, car Birimian joue le rôle de garant moral. Les bénéfices sont évidents pour les marques emprunteuses mais aussi pour l'établissement bancaire. Grâce à cette clientèle à laquelle elle n'avait jusque-là pas accès, la banque pénètre tout un écosystème économique (artisans, revendeurs...) qu'elle peut capter en termes de dépôt et d'offre de produits. Autre avantage, celui de la féminisation financière. En soutenant des femmes entrepreneuses, majoritaires dans la création, le banquier améliore sa notation ESG, ces critères de plus en plus répandus qui mesurent l'impact « environnemental, social et de gouvernance » des entreprises.

Bien sûr, pour permettre le succès de ce programme, il a fallu donner des gages propres à rassurer les organismes prêteurs. Ce que nous avons fait en développant tout un système d'analyse financière des marques candidates aux crédits, qui prend en compte divers éléments : leur chiffre d'affaires, leurs charges, leur cycle de vente, leur besoin de financement… Une aubaine pour la banque qui, au terme de cette étude minutieuse de la chaîne de valeur des entreprises ciblées, se voit mise en relation avec une clientèle filtrée, solvable et structurée.

Par ailleurs, Birimian ne se limite pas à une simple approche comptable. Nous avons mis en place un dispositif de renforcement de capacités et d'institutionnalisation, afin d'accompagner la formalisation de ces sociétés, l'accélération de leurs ventes, le développement de leurs stratégies de marque…

La première phase de ce partenariat a été couronnée d'un franc succès. En neuf mois, nous avons réussi à financer 21 marques dans les secteurs du prêt-à-porter, de la cosmétique, des arts visuels et de la table. Notre approche sélective a conduit à un taux de défaut nul. Éclatante démonstration que le financement de la mode et de la création peut être une activité rentable ! Cette expérience a conduit la banque à multiplier par cinq l'enveloppe allouée à Birimian pour le financement de la création, ce qui nous a permis de fédérer d'autres institutions autour de cette initiative. Nous avons ainsi obtenu une garantie de portefeuille de la part de la Société financière internationale, filiale de la

Banque mondiale dédiée au secteur privé. Nous ambitionnons maintenant de répliquer ce modèle dans d'autres pays et avec d'autres partenaires, afin de démontrer que financement et création peuvent être un couple gagnant.

Le renforcement de capacités étant le second pilier de nos activités après celui du financement, nous avons mis en place un accélérateur en partenariat avec l'Institut Français de la Mode (IFM). Pendant un an, les créateurs sélectionnés sont accompagnés par un collège d'experts qui consolident leurs différents leviers de croissance (*branding*, distribution, marketing, gestion, digital, merchandising). Cette année, nous comptons une deuxième cohorte de 21 marques en accélération. Ce travail de mise à l'échelle et d'accompagnement personnalisé est absolument essentiel pour booster la désirabilité des jeunes entreprises et, en définitive, pour viabiliser leurs projets, renforcer leurs marques et attirer des investisseurs.

La venture philanthropie en renfort

Le *private equity*, dans sa forme conventionnelle, est incompatible avec les problématiques des maisons de mode africaine peu matures. Pour autant, serait-il possible d'adapter les critères contraignants qui régentent cette industrie, pour les faire coïncider avec les particularismes de nos créateurs ? La réponse est sans doute oui et tient en un mot : venture philanthropie. Ce modèle économique a été imaginé par de jeunes entrepreneurs américains de la Silicon Valley à la fin des années 1990[6]. Le principe est simple : appliquer les méthodes du capital-investissement, et notamment du capital-risque, aux entreprises à vocation sociale. En pratique, un fonds d'investissement philanthropique investira dans des start-up pour une durée plus longue que les quelques années généralement requises dans le reste du secteur du *private equity*. Le capital se veut ici purement patient. Un retour sur investissement est évidemment espéré, car il ne s'agit pas d'investir à perte, mais l'exigence de rentabilité est moindre. Parce qu'en vertu des principes de la venture philanthropie, l'impact social et humain est aussi important que la génération de profits. En tant que membre du conseil d'administration de l'*African Venture Philanthropy Alliance* (AVPA), association qui promeut cette approche économique sur le Continent, j'ai pu en constater les effets tout à fait concluants. Notamment au bénéfice d'entreprises du secteur agricole.

La Fondation Mastercard, organisation philanthropique du géant américain des systèmes de paiement, est probablement aujourd'hui l'un des acteurs de l'investissement d'impact les plus engagés en Afrique. Fondation parmi les plus riches au monde, elle s'est donné pour mission de lutter contre la pauvreté en favorisant l'enseignement, la formation et l'employabilité sur le Continent. Le tout, sur le modèle du capital-investissement. En 2021, elle a par exemple lancé un fonds à destination des sociétés du secteur

[6] www.latribune.fr/entreprises-finance/banques-finance/industrie-financiere/20120608trib000702861/quand-capital-risque-rime-avec-philanthropie.html

de l'éducation, en collaboration avec la firme française de *private equity* Investisseurs & Partenaires. Grâce à ce programme conjoint, quelque 50 millions d'euros devaient être levés en 2022 pour financer une trentaine de start-up dans le domaine de l'EdTech (*Educational Technology*)[7]. La Fondation Mastercard et I&P ont également annoncé fin 2022 la création du *Mastercard Foundation Africa Growth Fund* (MFAGF), un « fonds de fonds » à 200 millions de dollars[8]. Ce véhicule financier a été conçu pour prendre des participations dans des fonds africains de capital-risque qui peinent à mobiliser des ressources, lesquels pourront à leur tour investir plus facilement dans les entreprises locales. En outre, cette initiative se veut guidée par les principes de l'investissement à optique de genre, qui vise à promouvoir l'égalité des sexes et les opportunités économiques pour les femmes.

Les fonds Evergreen : un pari gagnant ?

C'est un rêve de startupper en quête de financements : un fonds d'investissement conçu pour fonctionner indéfiniment, sans durée de vie limitée comme les véhicules d'investissement traditionnels. Autant dire une déclinaison ultra-long terme du capital-investissement. Fantasme inatteignable ? Non. Car ce type de fonds très flexible,

[7] https://afrique.latribune.fr/finances/investissement/2021-02-09/financement-i-p-et-mastercard-foundation-lancent-un-programme-d-education-d-urgence-en-afrique-877242.html

[8] www.agenceecofin.com/finance/0512-103507-capital-risque-mastercard-a-annonce-un-fonds-de-200-millions-ciblant-lafrique

dans lesquels les investisseurs peuvent entrer ou sortir à tout moment, s'installe de plus en plus dans le paysage du capital-risque. La preuve avec Sequoia Capital. Le géant américain, qui a misé avant tout le monde sur Google ou Apple, a créé son propre véhicule Evergreen en octobre 2021[9]. De même pour la société tunisienne AfricInvest. Ce pionnier du capital-investissement en Afrique francophone a lancé trois ans plus tôt son fonds Five (pour *Financial Inclusion Vehicle*), dédié à l'amélioration du taux de pénétration bancaire sur le Continent par le financement de jeunes pousses de la fintech (entre autres). À l'image du modèle de la venture philanthropie, la structure de fonds Evergreen convient bien aux investisseurs « responsables », soucieux d'un développement durable des actifs en portefeuille et de leur impact social ou environnemental.

En somme, la venture philanthropie et les investissements Evergreen sont des pistes particulièrement innovantes, qui pourraient bien constituer un nouveau tremplin pour le décollage des maisons de haute couture africaines. Car, en fin de compte, qui plus que les créateurs ont la légitimité pour bénéficier de ces outils de financement ? L'industrie du luxe continentale est à la fois désirée à l'international, profondément féminisée, tout en étant pourvoyeuse d'activité pour les petits artisans et les petits exploitants agricoles. Des critères qui répondent aux objectifs de rentabilité comme aux objectifs d'impact que se donnent

[9] www.lesechos.fr/start-up/ecosysteme/les-fonds-evergreen-version-patiente-du-capital-risque-1893713

les investisseurs philanthropiques ou à vocation sociale. Au-delà des acteurs privés, les institutions financières de développement devraient d'ailleurs avoir la clairvoyance de s'emparer de ces instruments pour soutenir l'univers de la création. Force est de constater que les IDF, malgré certains effets d'annonce, sont encore trop en retrait.

Évidemment, il n'y aura pas une solution unique pour consolider le financement des maisons de mode du Continent. La clé réside sans doute dans la combinaison des différents modèles que nous avons esquissés. Et, par-dessus tout, dans un travail persistant de persuasion des investisseurs de la qualité de nos marques, qui ont tous les atouts pour produire des biens à haute valeur ajoutée. Et pour les produire en Afrique même.

Chapitre 7

Made in Iconic Africa

Acceptons de vivre africain. C'est la seule façon de vivre libre et de vivre digne. **THOMAS SANKARA**

La création du Continent est confrontée à un double défi. Il lui faut passer de la confection sur mesure, qu'elle maîtrise, à la production manufacturière standardisée, tout en préservant ce respect des savoir-faire, des artisans et des matériaux qui fait son ADN. Il y a quelques années encore, cette équation semblait insoluble. « Nos matières africaines ne sont pas faciles à produire en quantité, observait justement la styliste béninoise Pépita Djoffon, plus connue sous le nom de sa marque "Pépita D". Pour les commercialiser, il faudrait trouver le moyen de les produire de façon industrielle, sans qu'elles ne perdent trop de leur originalité[1]. » Les temps changent. Certaines tendances économiques de fond et plusieurs expériences entrepreneuriales donnent à penser qu'en dépit des contraintes réelles qui pèsent sur les maisons de mode de la région (notamment l'absence d'infrastructures viables), il est possible d'associer le meilleur de l'approche artisanale et la capacité à produire de gros volumes en local. Bien des marques sont d'ailleurs en passe de le prouver. Avant de nous pencher sur les facteurs qui incitent à l'optimisme, revenons un instant sur les particularités de cette « mode lente » qui est la base même de l'identité de la création africaine au XXIe siècle.

Un concentré de *slow fashion*

Dans son beau livre (dans tous les sens du terme) *Swinging Africa. Le Continent mode*[2], Emmanuelle Courrèges, journaliste et fondatrice de la plateforme Lago54, rappelle : « Si ce qui définit le luxe, c'est la *slow-fashion*, le fait-main, la culture, l'art et l'Histoire, alors les artisanats textiles d'Afrique – ces métiers d'art qui n'ont rien à envier à ceux qui font la réputation des plus prestigieuses maisons du monde – sont la quintessence du luxe. » On ne saurait mieux dire. La plupart des créateurs du Continent

[1] Renée Mendy-Ongoundou, *Élégances africaines. Tissus traditionnels et mode contemporaine*, Éditions Alternatives, 2002, p. 83.
[2] Emmanuelle Courrèges, *Swinging Africa. Le Continent mode*, Éditions Flammarion, 2021.

s'inscrivent dans une démarche antinomique de la *fast fashion* (« mode éphémère » ou « mode express »). Pour rappel, ce modèle industriel se caractérise par la commercialisation de vêtements à prix cassés, produits en masse et de manière accélérée. Le renouvellement des collections, souvent de qualité médiocre, est très rythmé, jusqu'à plusieurs fois par mois. Ces dernières années, ce segment de l'industrie vestimentaire a conquis de nouveaux marchés. Ce qui lui a valu un feu nourri de critiques justifiées pour les conditions de travail précaires dans ses usines de fabrication et pour son impact écologique néfaste : la production rapide et à grande échelle de pièces synthétiques génère de nombreux déchets chimiques, sans parler des gaz à effet de serre induits par un usage intensif de l'eau et de l'électricité. Shein, le géant chinois du prêt-à-porter en ligne, est sans doute la marque la plus emblématique de ce business model. Mais si l'enseigne est prisée des jeunes, elle a vu ses ventes ralentir drastiquement en 2022 aux États-Unis[3] ou en France[4], sur fond de lassitude et d'aspirations à des alternatives durables.

C'est une bonne nouvelle pour la scène mode en Afrique, dont les pratiques traditionnelles répondent idéalement aux critères « ESG », les fameux axes « environnementaux, sociaux et de gouvernance » dans le jargon financier. L'attention portée à leur empreinte carbone et à leur impact humain est d'autant plus affûtée chez nos créateurs qu'ils

[3] www.businessoffashion.com/articles/retail/shein-peak-slowing-growth/
[4] www.francetvinfo.fr/economie/pouvoir-achat/consommation-l-enseigne-shein-voit-ses-ventes-baisser-en-france_5809388.html

connaissent mieux que personne les effets délétères des importations de copies asiatiques, lesquelles alimentent ces immenses décharges de fripes bon marché qui défigurent ici et là le Continent.

Une griffe comme Studio 189 (prononcez « Studio One Eighty Nine »), fondée en 2013 par la styliste ghanéenne Abrima Erwiah et l'actrice américaine Rosario Dawson, est à la pointe de la durabilité. Le coton biologique et le denim recyclé sont les deux piliers de son sourcing matière. La marque, qui a séduit des stars comme Jessica Alba ou Zoë Kravitz, met l'accent sur la transparence de sa chaîne d'approvisionnement et sur la traçabilité. « Nous créons plus que des vêtements, notre entreprise est sociale, explique Abrima Erwiah. Nous travaillons avec des communautés de jeunes couturières basées à Cape Coast, au Ghana, et revalorisons leur artisanat[5]. » Des artisans maliens, spécialisés dans les teintures indigo à base de pigments 100 % naturels, collaborent aussi avec la société.

Asha : Eleven a elle aussi élevé l'approche *sustainable* au rang d'art de vivre. La marque a été lancée en 2018 par la créatrice Olivia Kennaway, originaire du Kenya mais installée au Cap. En plus du chanvre, du lin et du coton organique, l'entreprise travaille le lyocell, une fibre 100 % naturelle issue de la pulpe de divers arbres. Le plastique est banni de tous ses produits. Le marquage des textiles est réalisé

[5] www.lepoint.fr/afrique/blooming-africa-quand-la-mode-africaine-durable-s-invite-a-paris-20-05-2020-2376325_3826.php

avec des encres non chimiques et par impression numérique. Une technologie bien plus respectueuse de l'environnement que les méthodes traditionnelles, très gourmandes en eau. Preuve que l'engagement écologique n'exclut pas l'innovation ! Les émissions de CO_2 liées à la distribution sont compensées par le financement d'opérations de reforestation. Le packaging, lui, est biodégradable, réutilisable et recyclable. Enfin, Asha : Eleven s'enorgueillit d'une politique de rémunération équitable. « Les salaires versés à nos artisans doivent servir à mieux vivre, et non pas à survivre », plaide Olivia Kennaway[6].

Bien sûr, toutes les maisons de luxe africaines ne poussent pas la logique écoresponsable jusque-là. Mais nombre d'entre elles peuvent être fières de leur bilan. Ne serait-ce que parce que le recours à des matériaux bruts, naturels et enracinés dans les « terroirs » du Continent, fait consensus. Que l'on pense à la marque sud-africaine Kat Van Duinen et à son coton certifié GOTS (pour *Global Organic Textile Standard*, l'un des labels les plus exigeants en matière de préservation de l'environnement) ; au designer nigérian Iniye Tokyo James, féru de cuir vegan ; à son compatriote Emmanuel Okoro, devenu le petit prince de l'akwete, une étoffe tissée chère aux Igbo du Nigeria ; ou encore à Imane Ayissi, que l'on ne présente plus, inventeur d'audacieuses robes ornées de fleurs en obom, un textile camerounais fabriqué à partir d'une écorce d'arbre battue.

[6] www.youtube.com/watch?v=j4PNgYhgyk4

Malgré les défis, de (bonnes) raisons d'y croire

La haute couture et la création africaines sont à des années-lumière de la mode à bas coût et sans âme promue par la société de consommation globalisée. Sa structure largement artisanale fait sa supériorité. Elle est en même temps son talon d'Achille. Faute de nouveaux débouchés et d'autres marchés sur lesquels prendre pied, les créateurs ne pourront vivre de leur art sur le long terme. La perpétuation des artisanats d'exception est aussi en jeu, comme s'en alarme la designer nigériane Nkwo Onwuka, fondatrice du label NKWO : « Nous continuerons à perdre les gardiens de nos savoir-faire artisanaux si nous ne trouvons pas un moyen permanent et durable de les préserver ; et la meilleure façon de le faire est l'innovation[7]. » Cela passe nécessairement par l'industrialisation, ce qui suppose d'accroître les quantités, sans rien perdre de la qualité qui fait la sève du luxe *made in Africa*.

Redoutable challenge, car les contraintes qui pèsent sur nos créateurs ne manquent pas. Outre les difficultés d'accès aux financements (voir chapitre 5), il y a la faiblesse des infrastructures. Même si l'état du réseau peut varier considérablement d'un pays à l'autre, l'électricité est une préoccupation majeure. La plus grosse contrainte citée par les entreprises africaines, petites ou grandes[8]. Une trentaine

[7] Emmanuelle Courrèges, *Swinging Africa. Le Continent mode*, Éditions Flammarion, 2021, p. 28.
[8] Carol Newman, John Page, John Rand, Abebe Shemeles, Mans Soderbom et Finn Tarp, *Made in Africa. Learning to Compete in Industry*, Brookings Institution Press, 2016, p. 177.

de pays de la région (sur cinquante-quatre) doivent faire face à des délestages réguliers, c'est-à-dire à la suspension temporaire de la fourniture d'énergie. Les réseaux de transport sont aussi insuffisamment développés dans certaines régions. Au Mozambique par exemple, il est plus cher d'acheminer des biens à l'intérieur du pays que de les expédier sur d'autres continents[9] ! Thebe Magugu en a fait l'amère expérience, lui qui dit avoir plus de facilité à expédier ses créations en Europe ou aux États-Unis qu'au sein même de son Afrique natale[10]. Citons encore le problème de la main-d'œuvre, pas toujours qualifiée pour les besoins particuliers de la création d'exception ou même de la mode en général. Un effort massif de formation doit donc être mené en ce sens, une mission qui serait l'une des priorités de l'Organisation panafricaine de la mode appelée de nos vœux (voir chapitre 4).

Pour contourner tous ces obstacles, certains entrepreneurs choisissent tout simplement de… faire une croix sur le *made in Africa*. C'est-à-dire qu'ils se fournissent en tissus importés, de Turquie ou de Chine. Ils peuvent même aller jusqu'à « délocaliser » certaines opérations de fabrication hors du Continent. Entendons-nous bien, il ne s'agit pas là de pratiques propres aux marques de luxe, plutôt des enseignes spécialisées dans le prêt-à-porter. De même, il n'est pas question de leur jeter la pierre. Mais il est frustrant de penser que peut-être des créateurs qui auraient pu viser

---

[9] *Ibid.*
[10] www.businessoffashion.com/articles/luxury/thebe-magugu-african-designer-2023/

l'excellence ont été contraints de revoir leurs ambitions à la baisse car établir une chaîne de production africaine de A à Z reste un combat souvent incertain.

Ce constat pourrait paraître décourageant, mais je reste confiante. Résolument. Si l'on en croit certains pronostics économiques, tous les espoirs sont permis. La montée en puissance de la Zone de libre-échange continentale africaine (ZLECAf) devrait changer la donne en matière d'industrialisation. Ce projet de marché unique, mis en place en 2021, vise à éliminer progressivement les droits de douane pour 90 % des produits commerciaux et de services entre les 54 pays du Continent. Une fois complètement opérationnelle, la zone pourrait permettre une hausse de 50 % des échanges entre les pays de la région, selon un rapport du FMI[11]. Elle engendrerait aussi une augmentation des exportations africaines vers le reste du monde de 29 % et une progression de plus de 10 % du PIB réel médian par habitant. En outre, les effets du dumping chinois, qui a contribué à ravager le secteur textile local, pourraient être contrecarrés ou à tout le moins atténués.

Pour les designers africains, handicapés dans leurs démarches commerciales par d'excessives barrières tarifaires, la ZLECAf est une aubaine inespérée. Les dirigeants politiques du Continent seraient donc avisés de poursuivre leur effort en matière de baisse des tarifs douaniers, en particulier pour les échanges entre l'Afrique et le reste du monde.

[11] www.imf.org/-/media/Files/Publications/DP/2023/English/TIIAEA.ashx

Car l'incidence bénéfique de l'exemption des droits d'exportation sur le *made in Africa* n'est plus à prouver. Exemple avec le Lesotho. Ce minuscule pays enclavé au cœur de l'Afrique du Sud a su profiter habilement de l'*African Growth and Opportunity Act* (AGOA), une loi adoptée par les États-Unis en l'an 2000, qui offre aux pays adhérents de ce programme un accès préférentiel au marché américain. Le Lesotho est aujourd'hui le premier exportateur de vêtements africains vers la patrie de l'Oncle Sam. Son industrie textile représente 10 % du PIB du pays. Elle emploie quelque 40 000 personnes, en majorité des femmes issues de zones rurales, à l'origine peu qualifiées[12]. Si les salaires sont peu élevés, ils sont plus importants que dans le secteur agricole, et les standards de base en termes de conditions de travail sont respectés[13].

Autre point qui plaide dans le sens d'un renforcement des capacités industrielles africaines : les coûts de production de plus en plus lourds en Chine. Entre 2001 et 2011, les salaires dans l'industrie textile de « l'atelier du monde » ont progressé de 124 % [14]. Ce qui n'empêche pas les jeunes générations de dédaigner ce secteur au profit des emplois de service, jugés moins pénibles et plus rémunérateurs[15]. Cette tendance structurelle pourrait faire les affaires des pays

[12] Carol Newman, John Page, John Rand, Abebe Shemeles, Mans Soderbom et Finn Tarp, *Made in Africa. Learning to Compete in Industry*, Brookings Institution Press, 2016, p. 20.
[13] *Ibid.*
[14] https://fr.fashionnetwork.com/news/Salaires-textile-une-decennie-charniere-pour-l-asie-et-l-amerique-latine, 875268.html
[15] www.francetvinfo.fr/economie/emploi/metiers/chine-penurie-de-main-d-oeuvre-dans-les-usines-de-textile-de-canton_4847429.html

concurrents de l'empire du Milieu et notamment des États africains, où la main-d'œuvre reste moins chère.

Ce n'est d'ailleurs pas un hasard si Pékin soutient la mise en place en Afrique de zones économiques spéciales (ZES). Il s'agit de régions géographiques fonctionnant comme des enclaves au sein même d'un pays, dans lesquelles les réglementations commerciales et fiscales sont conçues expressément pour attirer les investissements étrangers, améliorer les taux d'exportations et de créations d'emplois. Plusieurs études tendent à montrer que ces régimes spécifiques, même s'ils ne remplissent pas toujours tous leurs objectifs, jouent un rôle non négligeable dans la modernisation industrielle des États subsahariens. En 2019, les ZES sud-africaines captaient tout de même 21 % des investissements directs étrangers du pays[16]. Elles ont également joué un rôle significatif de stimulation des IDE au Kenya[17].

Made in Africa, du mirage à la réalité

Intéressons-nous à un cas pratique avec la société Arise IIP (pour *Arise Integrate Industrial Platforms*), dont je suis membre du conseil d'administration. Cette société panafricaine soutenue par plusieurs institutions

[16] www.africaeconomiczones.com/wp-content/uploads/2020/03/African-Economic-Zones-Outlook-1.pdf

[17] www.researchpublish.com/upload/book/The%20Impact%20of%20Foreign%20Direct%20Investment-7829.pdf

financières, comme la Banque africaine d'import-export[18] et Africa Finance Corporation, développe actuellement des parcs industriels et des ZES dans une multitude de pays du Continent : au Togo, au Bénin, au Rwanda, au Congo-Brazzaville, en RDC, au Gabon ou en Sierra Leone.

Au Bénin, l'entreprise a mis sur pied la Zone industrielle de Glo-Djigbé (GDIZ), à quelque 30 kilomètres de Cotonou, la capitale économique. Structurée comme un Partenariat Public-Privé (PPP) entre Arise IIP et la République béninoise, cette zone industrielle a vocation à transformer les produits issus de l'agriculture africaine en biens de consommation pour les marchés locaux, régionaux et internationaux. Moins de deux ans après l'inauguration de ce site de 1 640 hectares, c'est avec une grande stupéfaction mais surtout avec une grande fierté que j'ai découvert, en mai 2023, ses unités de transformation de soja, de karité, d'ananas, de noix de cajou et... de coton. Une unité intégrée de textile y est dédiée à la transformation de dizaines de milliers de tonnes de fibres bénéficiaires de la certification *Cotton made in Africa* (qui répond à des critères environnementaux et sociaux stricts). Grâce à des équipements à la pointe de la technologie, des vêtements sont confectionnés pour le compte de marques de prêt-à-porter internationales. Et à côté des t-shirts, polos ou chemises, d'autres types de textiles sont produits pour l'industrie de la décoration d'intérieur.

[18] www.agenceecofin.com/investissement/2206-109575-afreximbank-prevoit-dinvestir-1-milliard-dans-arise-iip-pour-le-developpement-de-parcs-industriels-en-afrique

Entrepôts, réseau routier, fibre optique, caserne de pompiers, logements, la zone a tout d'une petite ville autonome. La première phase des travaux a été réalisée en seulement douze mois, pour un coût de 164 milliards de francs CFA[19] (environ 250 millions d'euros). Arise IIP revendique par ailleurs la formation en tissage de 4 000 personnes en seize mois au Bénin et au Togo, où la société développe également des implantations. Lorsqu'il a visité les installations en février 2023, le grand styliste Alphadi, infatigable militant du produire et du consommer local, en est resté bluffé : « Je suis très impressionné par la taille de ce site et les possibilités qu'il offre aux entrepreneurs et en particulier dans le textile[20]. » Cerise sur le gâteau, la GDIZ devrait bénéficier d'une énergie renouvelable, produite par une centrale solaire implantée sur 1 200 hectares.

Bien sûr, les produits vestimentaires fabriqués à Glo-Djigbé ne visent pas (pour l'instant) le marché du luxe. Mais cette expérience est riche de perspectives. Elle atteste que l'Afrique n'est pas condamnée indéfiniment à exporter son « or blanc » brut. « Nous voulons faire en sorte que le Bénin transforme 100 % de son coton exporté », confirme Letondji Beheton, directeur général de SIPI-Bénin SA, la société en charge de la gestion de la ZES[21]. Par ailleurs, rien n'interdit de penser que des maisons de haute couture du Continent

[19] https://afrique.latribune.fr/entreprises/industrie/2023-02-23/industrie-la-gdiz-ou-le-prochain-hub-du-made-in-benin-bientot-operationnel-952980.html
[20] *Ibid.*
[21] https://afrique.latribune.fr/entreprises/industrie/2023-02-23/industrie-la-gdiz-ou-le-prochain-hub-du-made-in-benin-bientot-operationnel-952980.html

ne puissent à terme signer des contrats de réservation avec des projets industriels de ce type.

Ils transforment l'essai

L'Afrique est appelée à devenir un fabuleux vivier de production et de transformation. Mais signe que la donne est déjà en train de changer, certaines marques n'ont même pas attendu la concrétisation de ce grand bond en avant pour passer à l'échelle. Par une subtile combinaison de flair, d'imagination et de prise de risque, des créateurs et des entrepreneurs ont réussi à relier savoir-faire anciens, ancrage local et vision globale.

C'est le cas d'Aïssa Dione, une pionnière en l'espèce. Le credo de cette Franco-Sénégalaise installée à Dakar depuis plus de trente ans ? « Conjuguer l'art et l'industrie[22]. » Après avoir travaillé plusieurs années avec des artisans de rue, cette passionnée de tissage traditionnel manjak (une technique originaire de Guinée-Bissau) fait le pari d'une transformation locale de plus grande ampleur. La plasticienne et designer récupère des métiers mécaniques dans des usines sénégalaises en faillite et adapte leur largeur. Les bandes tissées de 15 centimètres, destinées aux pagnes, passent à 60 puis à 90. Un saut technologique qui permet de tapisser toutes sortes de meubles et d'intérieurs.

[22] www.lefigaro.fr/societes/2017/05/21/20005-20170521ARTFIG00125-aissa-dione-esthete-aventuriere.php

Aujourd'hui, ADT (Aïssa Dione Tissus) emploie une centaine de personnes dans son unité de production de Dakar. Ses pièces raffinées et métissées s'arrachent à l'international. Parmi les clients fidèles de la marque, de grands décorateurs haut de gamme comme Jacques Grange, Peter Marino, Christian Liaigre ou India Mahdavi, et des maisons de prestige comme Hermès et Fendi Casa. Engagée pour la défense d'une certaine idée de la *soft industry* et pour la formation de la jeunesse, Aïssa Dione met actuellement la dernière main à un projet d'Institut des métiers d'art et du design[23] à Diamniadio, la future *smart city* en cours de construction au sud de Dakar.

Une autre expérience, absolument inédite, se déploie sous nos yeux depuis quelques mois. Elle a pour joli nom « Asantii », ce qui signifie « merci » en swahili. Maryse Mbonyumutwa a lancé son entreprise avec l'ambition d'en faire une marque de prêt-à-porter féminin haut de gamme, distribuée sur tous les continents. Mais là où la plupart des entrepreneurs lancent leur griffe puis cherchent des infrastructures de production, la femme d'affaires de 48 ans fait l'inverse ! Forte de ses vingt-trois années d'expérience dans l'industrie textile internationale et épaulée par son indéfectible partenaire chinois, C & D, la Belgo-Rwandaise commence par mettre sur pied une usine dans la zone économique spéciale de Kigali. Les plus de 4 000 ouvriers (dont 80 % de femmes) qui y travaillent produisent des

[23] www.lemonde.fr/afrique/article/2023/01/25/metiers-d-art-au-senegal-chanel-est-venu-nous-rappeler-que-nous-avons-du-talent_6159306_3212.html

articles pour des distributeurs et des détaillants internationaux[24]. Une activité qui va servir de tremplin au lancement du « véritable » projet : Asantii. Le business model de la marque est pour le moins original. Maryse Mbonyumumtwa s'appuie sur une *dream team* de 14 jeunes talents venus de 12 pays du Continent. Parmi eux, le Nigérian Emmanuel Okoro, la Franco-Congolaise Laëtitia Kandolo, la valeur montante ivoirienne Zak Koné... Ces stylistes coconçoivent les collections de la marque, pilotée par une équipe de professionnels reconnus du luxe (dont la Britannique Vanessa Anglin, ex-cadre dirigeante chez Burberry). Une fois arrivés à maturité, c'est-à-dire familiarisés avec tous les métiers intermédiaires qui forment l'écosystème de la mode (marketing, achat de matières, merchandising...), les designers du collectif auront accès aux infrastructures de production d'Asantii pour industrialiser leurs propres créations. Une marque qui fonctionne comme un incubateur collaboratif, il fallait y penser !

La première collection, qui reprend les techniques du batik et du *tie & dye*, a été lancée en août 2022. Coton égyptien, faso burkinabé, raphia tissé de Madagascar, toutes les matières sont transformées dans l'usine de Kigali, qui applique une politique de RSE avantageuse (repas, crèches, infirmerie, produits hygiéniques). Pour ne pas verser dans l'écueil de la surproduction, la griffe entend se limiter à deux collections annuelles. « Nous souhaitons être présents

[24] www.lepoint.fr/afrique/asantii-la-mode-made-in-africa-vraiment-autrement-11-10-2022-2493433_3826.php

partout, non pas en termes de volumes, mais en termes de visibilité », explique sa fondatrice[25]. Qui voit déjà plus loin et projette de répliquer sa structure de « luxe abordable » (58 euros pour un t-shirt en coton organique, 262 euros pour une robe caftan en viscose de Madagascar) ailleurs en Afrique.

Comme Asantii, d'autres marques se rêvent en fers de lance d'une révolution industrielle de la mode africaine : Maxhosa Africa (Afrique du Sud), Maki Oh (Nigeria), Christie Brown (Ghana)... Chacune à leur échelle, en associant éthique et rigueur professionnelle, elles entendent faire souffler un vent nouveau sur la planète luxe. Un vent qui balayerait l'image d'une Afrique simple pourvoyeuse de matières premières et « poubelle » mondiale des vêtements de seconde main.

[25] www.jeuneafrique.com/1365394/culture/rwanda-asantii-vers-lindustrialisation-de-la-mode-en-afrique/

Chapitre 8

En finir avec « l'Afrique-décharge »

On peut s'habiller dans toutes les matières, aussi invraisemblables soient-elles. **PACO RABANNE**

C'est une étrange colline qui surplombe le quartier de tôles et de planches d'Old Fadama, en plein centre d'Accra, la capitale du Ghana. Quelques bovins placides sont juchés au sommet du monticule haut d'une vingtaine de mètres. Il n'y a pourtant là nul brin d'herbe à mâchonner. Et pour cause : c'est sur une montagne de déchets que les têtes de bétail ruminent. Il faut le voir pour le croire. D'ailleurs, et c'est invraisemblable à dire, l'endroit est presque devenu une étape de ce douteux « tourisme de la misère » qui gagne en popularité depuis quelque temps. Bienvenue dans la plus grande décharge improvisée d'Afrique de l'Ouest. Il y a ici de tout, à perte de vue : des emballages alimentaires, des rebuts de pièces mécaniques ou électroniques... et des vêtements usagés. Beaucoup de vêtements usagés. Comment en sont-ils venus à finir leur vie en ces lieux ?

Ces déchets textiles sont ce qui reste des habits de seconde main que le Ghana voit arriver chaque jour dans le port d'Accra. La patrie de Kwame Nkrumah en est devenue l'un des premiers réceptacles sur le Continent, avec 800 millions d'articles d'occasion importés chaque année[1]. Ils proviennent des États-Unis, du Royaume-Uni, de France, d'Allemagne, de Chine, de Corée du Sud... Après les avoir portés, les consommateurs de ces pays s'en débarrassent en les donnant souvent de bonne foi à des entreprises de collecte... qui, faute de capacités, en exportent une grande partie vers l'étranger, essentiellement vers l'Afrique[2]. Pensez-y la prochaine fois que vous viderez vos placards, moins de la moitié de ce que vous déposez dans les conteneurs de recyclage parvient jusqu'aux étals de vos friperies solidaires de quartier[3].

---

[1] www.francetvinfo.fr/monde/afrique/environnement-africain/video-au-ghana-poubelle-de-l-occident-les-dechets-textiles-forment-une-montagne-et-une-maree-d-habits-pollue-les-cotes_5397109.html
[2] www.lesechos.fr/industrie-services/energie-environnement/le-recyclage-des-vieux-vetements-nest-toujours-pas-viable-en-europe-1259491
[3] www.francetvinfo.fr/monde/afrique/environnement-africain/video-au-ghana-poubelle-de-l-occident-les-dechets-textiles-forment-une-montagne-et-une-maree-d-habits-pollue-les-cotes_5397109.html

Chapitre 8

Près de 30 000 personnes travaillent sur le marché de Kantamanto d'Accra, où sont dispersées les *obroni wawu*, « les habits des hommes blancs morts » en dialecte ghanéen (au Mozambique, on les appelle les *calamidades*, comprenez les calamités). Dans ses venelles fourmillantes, on croise des grossistes, des détaillants et de très nombreuses *kayayei*, ces femmes majoritairement issues de communautés rurales, qui portent sur leurs têtes des ballots de vêtements de plusieurs dizaines de kilos. Une tâche harassante, pour un salaire souvent dérisoire. Si certains pays africains laissent faire ce business, c'est qu'il permet de faire vivre des milliers de gens. Du moins en théorie. Car en pratique, les affaires périclitent à cause de la qualité de plus en plus déplorable des fripes qui traversent la Méditerranée ou l'Atlantique : robes tachées, t-shirts troués, chemises éclaboussées de traces de sueur… « On ne sait jamais ce qu'on va retrouver à l'intérieur des ballots. Parfois, 70 % de la marchandise est inutilisable, et c'est de pire en pire », explique un détaillant[4]. Un de ses collègues abonde : « Il y a une trentaine d'années, ce système a permis à des gens de sortir de la pauvreté. Aujourd'hui, cela ne marche plus, les vêtements sont de trop mauvaise qualité[5]. » La faute, évidemment, aux « progrès » galopants du prêt-à-porter à prix très compétitifs. Une surproduction de pièces qui conditionne nos modes de consommation et la durée de vie de nos vestiaires. Ainsi, près de 6 millions de tonnes de vêtements usagés sont jetés chaque

[4] https://reporterre.net/Friperie-du-monde-le-Ghana-croule-sous-nos-vetements
[5] *Ibid.*

année dans l'Union européenne, soit environ 11 kilos par personne[6].

Au marché de Kantamanto, les allées sont « nettoyées » en fin de journée par des chiffonniers. Les couches d'invendus sont convoyées dans des dépotoirs, comme celui bordant le bidonville d'Old Fadama. Jusqu'à 160 tonnes de déchets textiles sont évacuées quotidiennement[7]. Ces décharges sont une véritable bombe écologique et sanitaire. Pour le voisinage immédiat, d'abord. Afin de limiter l'amoncellement de détritus, les habitants des baraquements sont contraints d'en brûler une partie. « Ça nous rend malades, ça donne de la fièvre, des maux de tête et beaucoup d'autres choses encore », témoigne un riverain[8]. Mais c'est tout l'environnement qui est impacté. À la saison des pluies, les vêtements abandonnés sont drainés dans les égouts à ciel ouvert et finissent généralement dans les eaux du golfe de Guinée, qui les rejettent sur les plages. Là, des « tentacules » de plusieurs mètres de tissus se confondent avec le sable, s'enroulent autour des moteurs d'embarcations et... contaminent les produits de la pêche. Les textiles synthétiques en nylon ou en polyamide peuvent mettre des décennies à se décomposer, libérant au passage des microfibres très probablement nocives. C'est en tout cas la conviction de Liz Ricketts, une ancienne styliste américaine engagée dans la lutte contre la pollution vestimentaire au Ghana. Depuis

[6] www.lindependant.fr/2023/05/22/pour-le-recyclage-du-textile-lunion-europeenne-veut-interdire-la-destruction-des-vetements-invendus-11211765.php
[7] www.abc.net.au/news/2021-08-12/fast-fashion-turning-parts-ghana-into-toxic-landfill/100358702
[8] Reportage France 24 du 19 janvier 2022 : www.youtube.com/watch?v=2cecBvDPQdQ

août 2022, son ONG Or Foundation effectue chaque semaine des prélèvements sur la « plage-poubelle » de Jamestown. Les premiers résultats issus de leur analyse devaient être rendus publics d'ici fin 2023[9].

Ce drame environnemental n'est évidemment pas l'apanage du Ghana. Presque toutes les nations subsahariennes sont confrontées, à des degrés divers, aux flots de vêtements d'occasion. Aux portes de Nairobi, la capitale du Kenya, se dresse la décharge de Dandora. Un million de personnes vivent dans son voisinage et exhalent les fumées qui s'en échappent. Sur ce site grand comme vingt-deux terrains de football, des milliers de ramasseurs d'ordures peinent à survivre en fouillant les immondices au milieu des cochons et des échassiers. Selon un rapport de la fondation britannique Changing Markets, la moitié des centaines de millions d'habits de seconde main que le pays importe chaque année sont inutilisables. Et sur cette proportion, deux tiers contiendraient des fibres plastiques[10].

Aux conséquences écologiques et hygiéniques, il faut aussi ajouter un contrecoup économique majeur. Pour les tailleurs locaux, spécialisés dans le sur-mesure et les matières traditionnelles, cette invasion de fripes à bas prix constitue une insupportable concurrence déloyale. « Nos marchés sont inondés parce que l'Africain a toujours voulu s'habiller avec ce qui vient d'ailleurs, déplore le grand

[9] www.lemonde.fr/afrique/article/2023/05/20/le-ghana-poubelle-de-la-fast-fashion-mondiale_6174083_3212.html
[10] www.letemps.ch/sciences/environnement/kenya-depotoir-fast-fashion-europe

styliste Pathé'O. Pour les amener à consommer ce que nous faisons, c'est un combat. Dieu merci, cela commence à porter ses fruits[11]. »

L'aube d'une rébellion

Les ravages causés par les enseignes internationales de *fast fashion* sur les écosystèmes du Continent devraient, *a minima*, faire l'objet d'une compensation financière. En juin 2022, à l'occasion du Global Fashion Summit de Copenhague, le mastodonte Shein s'est engagé à verser 15 millions de dollars sur trois ans à l'Or Foundation, l'organisation caritative de Liz Ricketts active au Ghana[12]. Un geste toujours bon à prendre mais que certains ont qualifié d'opération de *greenwashing*, autrement dit comme une pratique visant à se donner à bon compte une image trompeuse d'écoresponsabilité. Car il faut bien l'admettre, que représentent 15 millions de dollars rapportés au chiffre d'affaires gargantuesque de 23 milliards de la firme chinoise ? Une aumône.

Bien plus utile serait un système de mise à contribution des marques internationales de mode éphémère. On pourrait imaginer un impôt mondial sur ces entreprises, calculé en fonction de leurs volumes de production et de leur impact environnemental. Autre piste intéressante, faire participer les filières à Responsabilité Élargie du Producteur.

[11] Entretien pour Birimian.
[12] https://amp.theguardian.com/global-development/2022/jun/08/fast-fashion-giant-shein-pledges-15m-for-textile-waste-workers-in-ghana

La REP repose sur l'idée que celui qui fabrique, importe ou distribue un produit doit financer sa fin de vie, notamment par le réemploi, le recyclage et la gestion responsable des déchets. C'est le principe du « pollueur-payeur », dans une optique d'économie circulaire.

Concrètement, nombre de pays ont mis en place des éco-organismes qui imposent une redevance aux entreprises responsables de la mise sur le marché. Les sommes recueillies permettent de financer la collecte, le tri, la récupération et la valorisation des produits après leur utilisation par le consommateur. En France par exemple, c'est Refashion qui travaille avec la filière textile dans le cadre de la Responsabilité Élargie du Producteur. En 2021, cet éco-organisme agréé par l'État a prélevé 51 millions d'euros auprès des acteurs de l'industrie de la mode[13]. Le hic, c'est que cette manne financière a vocation à rester en France. Alors que, dans le même temps, une impressionnante quantité de vêtements continue son bonhomme de chemin outre-mer. Certaines associations militent donc pour que le produit des écocontributions soit fléché en partie ou en totalité vers les territoires concernés par le déversement d'habits usagés. Les pouvoirs publics des différents États africains auraient à mon sens toute la légitimité de promouvoir cette revendication dans le cadre du dialogue avec les pays du Nord.

Pour autant, ces compensations ne suffiront pas à régler le problème de « l'Afrique-décharge ». À moyen terme, le

[13] https://refashion.fr/rapport-activite/2022/#page/56

Continent pourrait être en partie soulagé par les engagements de l'Union européenne. En lien avec son « Pacte vert », l'UE a présenté en mars 2022 une ambitieuse « stratégie pour des textiles durables et circulaires[14] ». Celle-ci prévoit que tous les produits textiles mis sur le marché européen d'ici 2030 soient : durables, réparables et recyclables ; exempts de substances dangereuses ; fabriqués autant que possible à partir de fibres recyclées ; produits dans le respect des droits sociaux et de l'environnement. En outre, la Commission européenne entend rendre obligatoire la collecte séparée des déchets textiles à partir du 1er janvier 2025 et restreindre leurs conditions d'exportation vers les pays non-membres de l'Organisation de coopération et de développement économiques (OCDE)[15]. En somme, les géants de la mode jetable sont aujourd'hui dans le viseur de Bruxelles. Reste à vérifier comment la feuille de route de l'UE sera appliquée et si les paroles seront effectivement suivies d'actes.

L'irréductible Rwanda

Certains pays africains n'ont pourtant pas attendu ces promesses pour tenter de régler une fois pour toutes l'épineuse question des fripes occidentales. En février 2016, les chefs d'État de la Communauté d'Afrique de l'Est (AEC), organisation qui regroupe alors le Burundi, le Kenya, le Rwanda, la Tanzanie, l'Ouganda et le Soudan du Sud,

[14] www.vie-publique.fr/en-bref/284709-ue-pour-une-industrie-textile-durable-et-contre-lecoblanchiment
[15] www.mrw.co.uk/news/eu-plans-for-mandatory-textile-epr-to-tackle-fast-fashion-30-03-2022/

tombent d'accord pour bannir ce marché de l'occasion d'ici 2019[16]. Objectif : en finir avec les dépotoirs toxiques et renforcer leur industrie textile locale. En pratique, il s'agit d'augmenter les droits de douane pour les vêtements de seconde main, issus essentiellement des États-Unis et du Royaume-Uni, aboutissant *de facto* à leur interdiction.

Mais les choses ne sont pas si simples. La décision de l'AEC suscite de vives tensions avec Washington. Aiguillonnés par la *Secondary Materials and Recycled Textiles Association* (Association des textiles d'occasion et recyclés), le lobby du secteur, les États-Unis font planer la menace d'une guerre commerciale[17]. Face à la crainte d'être privée des facilités d'accès au marché américain permis par l'*African Growth and Opportunity Act* (AGOA), l'alliance est-africaine se fissure. La Tanzanie, l'Ouganda et le Kenya font machine arrière. Seul le Rwanda tient bon et maintient ses barrières tarifaires, à hauteur de 4 dollars par kilo d'habits usagés. Les conséquences sont immédiates : les importations de fripes vers la petite République baissent d'un tiers[18] mais Kigali est suspendu de l'AGOA par Donald Trump en juillet 2018[19]. Le Rwanda refuse pourtant de capituler, malgré l'imposition de droits de douane américains à hauteur de 30 % sur ses produits textiles[20]. Une mesure de rétorsion

[16] https://fr.fashionnetwork.com/news/Le-rwanda-decuple-la-taxe-d-importation-sur-les-vetements-et-chaussures-de-seconde-main, 709582.html
[17] www.agenceecofin.com/hebdop1/1602-54431-les-pays-africains-qui-ne-veulent-plus-importer-des-vetements-usagers-seront-sanctionnes-par-les-etats-unis
[18] www.capital.fr/economie-politique/au-rwanda-la-guerre-commerciale-sur-les-vetements-doccasion-1295735
[19] https://crsreports.congress.gov/product/pdf/IF10149
[20] www.bbc.com/news/business-54164397

qui n'aurait pas sinistré le secteur du prêt-à-porter rwandais, loin de là. La valeur de celui-ci a progressé de 83 % entre 2018 et 2020, à en croire le *Council for International African Fashion Education* (CIAFE)[21].

Tarir le flot de déchets textiles n'en reste pas moins un chemin ardu. D'autres pays s'y sont essayés, avec plus ou moins de bonheur. En 2015, le Zimbabwe décrète l'interdiction de la vente d'habits de seconde main. L'ancienne Rhodésie se rétracte deux ans plus tard car les producteurs zimbabwéens de vêtements sont dans l'impossibilité de satisfaire à eux seuls la demande de la population[22].

Au Nigeria, les importations de fripes déjà portées sont purement et simplement interdites... Ce qui n'empêche pas que 80 % des Nigérians en achètent. Car la loi est très difficile à faire respecter en raison de la vigueur de la contrebande[23]. Linda Calabrese, économiste au sein du think-tank Overseas Development Institute, basé à Londres, ne peut que constater : « Je ne connais pas de pays qui ait réussi à stopper complètement le flot de vêtements d'occasion[24]. »

Le stopper, peut-être pas, mais le réduire significativement semble possible. Le modèle rwandais en atteste. Peut-être inspirés par la résistance de Kigali, les dirigeants africains ont pris une décision capitale le 1er juin 2023. Ce

[21] www.ciafe.org/post/why-east-africa-is-a-leading-apparel-and-textiles-manufacturing-hub-explainer
[22] www.dw.com/en/east-africa-pushes-second-hand-clothing-ban/a-42747222
[23] www.aljazeera.com/features/2012/8/25/contraband-clothes-dominate-nigerias-market
[24] www.dw.com/en/east-africa-pushes-second-hand-clothing-ban/a-42747222

jour-là, à Nairobi, les délégués de la Zone de libre-échange continentale africaine ont adopté un protocole qui exclut le commerce d'habits d'occasion des avantages commerciaux associés à la ZLECAf. En somme, il s'agit d'empêcher le commerce intra-africain de ce type de produit. « La décision du Conseil des ministres envoie un message fort, juge Wamkele Mene, le secrétaire général de la ZLECAf. Notre marché unique ne sera pas une décharge pour habits usagés venus du reste du monde[25]. » Tous les espoirs sont donc permis, à condition bien sûr que les moyens appropriés soient mobilisés pour faire respecter cette prohibition.

On rétorquera sans doute que le marché de seconde main fait vivre de très nombreuses personnes sur le Continent et que mettre un veto à ces produits ne conduirait qu'à accroître leurs difficultés. Ce n'est pas entièrement faux même si, comme nous l'avons vu, ce secteur semble condamné à une paupérisation croissante du fait de la montée en puissance de la *fast fashion* mondiale. Certains objecteront également que, la nature ayant horreur du vide, les fripes occidentales seront immanquablement remplacées par des flux de vêtements chinois à bas coût. Là encore, c'est un risque réel, d'ailleurs observable ici et là au Rwanda[26]. C'est pourquoi la seule politique probante semble être de décourager graduellement les importations d'habits de seconde main, tout en investissant massivement dans une industrie de la mode *made in Africa* de nature à jouer

[25] www.newtimes.co.rw/article/7985/news/africa/afcfta-african-ministers-adopt-ban-on-trade-of-second-hand-clothes
[26] www.bbc.com/news/business-54164397

le rôle de locomotive économique (voir chapitre 7). Une industrie dont les fabrications, de surcroît, n'auraient pas vocation à finir elles-mêmes leur (courte) vie au fond d'un mégadépotoir.

Transformer le plomb en or

Dans ce mouvement de « résistance » aux produits importés, les créateurs de mode et les artisans du Continent jouent un rôle de tout premier plan. Mais loin de proscrire ces déchets, les couturiers de la région excellent à les intégrer à leurs créations. L'*upcycling* (ou surcyclage), ce processus qui consiste à transformer des matériaux périmés en objets nouveaux, uniques et de valeur supérieure, est ici un art de vivre bien plus qu'une tendance pour magazine sur papier glacé. « Les Africains ont toujours réutilisé pour faire durer, nous sommes *sustainable* par nature », revendique Thebe Magugu[27]. Le petit prodige de Johannesburg source lui-même ses matières au marché de Dunusa, temple local de la fripe débarquée de l'hémisphère Nord. Sous ses doigts de magicien, un vieux jeans et une veste délavée se métamorphosent en une tunique élancée à épaules découvertes, une pauvre nappe de pique-nique renaît sous la forme d'un châle à plumes de marabout... Pour le lauréat du prix LVMH, il s'agit là d'un archétype de mode « ruisselant vers le haut », soit un renversement de la théorie du sociologue américain

[27] www.dazeddigital.com/fashion/article/57188/1/thebe-magugu-transforming-secondhand-rags-into-high-fashion-riches-south-africa

Thorstein Veblen selon laquelle les goûts se répandent de manière hiérarchique, de la bourgeoisie vers les classes populaires.

Il arrive d'ailleurs que ces créations « upcyclées » repartent vers l'Europe, dans un retour à l'expéditeur qui ne manque pas d'ironie. En octobre 2022, le prestigieux Victoria & Albert Museum de Londres a exposé des échantillons de la collection de Thebe Magugu baptisée *Discard Theory* (« théorie du rebut »), un ensemble de 25 silhouettes conçues à partir de pièces récupérées à Dunusa. En Ouganda, le styliste Bobby Kolade, ancien de Margiela et de Balenciaga, a baptisé la première ligne de sa marque Buzigahill d'un titre aussi espiègle qu'explicite : « Retour à l'envoyeur[28] ». Ses pièces sont revendues au prix fort aux consommateurs des pays du Nord, *via* son site internet. À Paris, le *concept store Marché noir* propose depuis une dizaine d'années des textiles vintage chinés au Togo puis revisités. Là, on trouve aussi bien des bleus de travail que des parures unisexes en batakali, une étoffe initialement réservée aux classes de guerriers Ashanti. « Il y a un petit côté militant dans ma démarche, reconnaît Amah Ayivi, le fondateur de la marque, lui-même d'origine togolaise. Vous envoyez cette fripe en tant que poubelle et moi je la ramène (en Europe) en tant que trésor[29]. » C'est que l'*upcycling* continental implique une approche engagée, sinon contestataire.

[28] www.lemonde.fr/afrique/article/2022/10/13/bobby-kolade-le-createur-ougandais-qui-transforme-les-fripes-pour-les-revendre-a-l-occident_6145657_3212.html
[29] www.francetvinfo.fr/culture/mode/video-avec-sa-marque-marche-noir-amah-ayivi-chine-et-revisite-les-vetements-africains_4623541.html

C'est en tout cas le regard de Marianne Fassler, la « doyenne de la mode sud-africaine », sur ces déchets textiles qu'elle a incorporés à ses créations tout au long de sa carrière : « Mon utilisation de ces pièces est toujours un commentaire sociopolitique[30]. »

Pour autant, cet art consommé du recyclage ne saurait être résumé à un simple pied de nez aux inégalités Nord-Sud. Il s'apparente aussi à un manifeste écoresponsable, souvent doublé d'un hommage aux communautés traditionnelles. À travers sa collection automne-hiver 2017 « 17 rue Jules-Ferry », la Sénégalaise Selly Raby Kane mêle inspirations futuristes et déclaration d'amour au vestiaire chamarré des disciples de la confrérie religieuse des Baye Fall, grands adeptes du rapiéçage[31]. Même paradigme pour le Ghanéen Yayra Agbofah. À l'*Upcycling Fashion Show* de Luxembourg, au printemps 2023, le fondateur du studio de créateurs « The Revival » a présenté une série de vestes ornées de visages de femmes[32]. Une ode aux innombrables *kayakei*, ces vendeuses et porteuses du marché de Kantamanto, issues des régions pauvres du nord du Ghana.

Notons que la « récup' » *made in Africa* ne concerne pas que les fripes occidentales. Les créateurs font de tout bois, avec des objets du quotidien comme avec d'autres matériaux industriels. La styliste et modéliste ivoirienne Loza Maléombho, fondatrice du label éponyme, utilise la toile

[30] *In* Emmanuelle Courrèges, *Swinging Africa. Le Continent mode*, Éditions Flammarion, 2021.
[31] *Ibid.*
[32] www.lessentiel.lu/fr/story/on-se-noie-litteralement-dans-vos-vieux-vetements-558487457439

des sacs de cacao pour certaines de ses créations[33]. D'autres poussent l'expérimentation encore plus loin. En partenariat avec la marque de cidre Savanna, le Sud-Africain Wanda Lephoto a conçu en avril 2023 une collection capsule de silhouettes imperméables en tissus recyclés. Ces jupes, chemises et vestes ont parallèlement été converties en actifs numériques issus eux-mêmes de NFT recyclés ! Une première mondiale en matière d'*upcycling*, à en croire Savanna. Les vêtements physiques et leurs avatars digitaux ont ensuite été mis aux enchères au bénéfice d'une association de protection de l'environnement[34].

Slow fashion, marques engagées, mode circulaire, sens du style, techniques séculaires et appétence pour les technologies innovantes... Tout concourt à positionner la création africaine à l'avant-garde de la consommation responsable, celle-là même que les consommateurs du monde entier plébiscitent de plus en plus dans un contexte de crise climatique. Comme le prédit Thebe Magugu, dans une formule à laquelle je souscris entièrement : « Le reste de la planète va nous imiter et non l'inverse[35]. »

---

[33] www.lemonde.fr/afrique/article/2019/04/08/documentaire-noemie-lenoir-enquete-sur-les-paradoxes-de-la-mode-africaine_5447344_3212.html
[34] https://ceconline.co.za/savanna-x-wanda-lephoto-x-metalabs-launch-world-first-recycled-nft-via-auction/
[35] www.dazeddigital.com/fashion/article/57188/1/thebe-magugu-transforming-secondhand-rags-into-high-fashion-riches-south-africa

Conclusion

> Gardez toujours à l'esprit
> que votre propre décision de réussir
> est plus importante
> que n'importe quoi d'autre.
>
> **ABRAHAM LINCOLN**

C'est un bel après-midi de printemps, sur la cinquième avenue, à New York. Deux fashionistas flânent le long des devantures scintillantes, à la manière de la gracile Audrey Hepburn dans *Diamants sur canapé*. Elles s'arrêtent soudainement devant une vitrine. Ce n'est pas celle du joaillier Tiffany, mais le seuil du magasin amiral de Christie Brown dans la mégalopole américaine. Séduites par un ravissant manteau en kente, les deux amies poussent la porte...

Que de chemin parcouru depuis qu'Aisha Ayensu a lancé sa première collection, en 2008. La marque ghanéenne est désormais une maison de luxe globale. Le joyau d'un groupe qui dialogue d'égal à égal avec les géants LVMH, Kering ou Richemont. Le « Chanel africain », comme on le surnomme, n'est d'ailleurs qu'un des nombreux labels du Continent à avoir colonisé la planète fashion. Tout consommateur éclairé qui se respecte compte maintenant dans sa garde-robe une, voire plusieurs pièces de stylistes subsahariens. Avec l'accélération de la crise climatique, leurs créations, conçues dans un strict respect de l'environnement, se sont imposées dans tous les vestiaires et sur tous les *catwalks*.

Les Fashion Weeks de Lagos, de Johannesburg et de Dakar sont d'ailleurs devenues les rendez-vous annuels les plus courus des magazines *lifestyle*, loin devant les défilés parisiens, milanais ou londoniens. Une *success story* que l'on doit notamment à l'Organisation panafricaine de la mode. Depuis sa création par les États du Continent, enfin convaincus des potentialités des artisanats d'exception, cette institution a permis d'harmoniser le paysage de la création africaine. Son poids politique et sa puissance de feu économique ont contribué non seulement à la préservation des savoir-faire mais aussi au passage à l'échelle industrielle. Même si celui-ci n'aurait pu advenir sans le soutien d'un certain nombre d'investisseurs privés africains et internationaux, qui ont pressenti avant tout le monde qu'adosser l'innovation financière à l'écosystème créatif produirait un formidable effet de levier au bénéfice de tous.

C'est ici que s'écrit l'avenir

Un jour viendra où tout ce que nous venons de décrire, j'en suis sûre, deviendra réalité. Si je ne connais pas moi-même ces lendemains qui chantent, mes enfants les connaîtront. L'Afrique est le Continent dont les designers de mode ont connu les transformations les plus profondes ces dernières années. Ceux-ci continuent à évoluer sous nos yeux à des rythmes exceptionnellement rapides. Cette effervescence créative se conjugue avec la résurgence de patrimoines culturels particulièrement féconds. Alors que tout semble avoir été exploré en Occident, nos cohortes de jeunes stylistes ont encore tant de choses à dire au monde : sur la valeur de la transmission, sur le juste équilibre entre innovation et tradition, sur le pouvoir de l'émancipation et de la diversité... Leur soif de conquête est insatiable et toutes les Cassandres, tous les préjugés n'y pourront rien.

Bien sûr, cet immense mouvement de la mode africaine ne doit pas conduire à perdre de vue un élément essentiel : le Continent doit garder la souveraineté économique et commerciale de cette ressource. Cela ne pourra se faire qu'avec le concours d'expertises et de modèles financiers qui contribuent à préserver la création de valeur pour les Africains eux-mêmes. Car le véritable enjeu est la transformation d'une force créative en une puissance économique : production de qualité au sein du Continent, réseaux de distribution locaux, régionaux et internationaux afin de permettre aux créateurs de sortir de leurs frontières sans être pénalisés par les barrières douanières, investisseurs et partenaires dont les modèles financiers seraient adaptés à la création, au moyen du capital patient.

C'est ce que j'ai commencé à entreprendre avec humilité et passion. C'est une tâche que je suis bien décidée à poursuivre car je suis convaincue que c'est grâce à son industrie de la mode que l'Afrique pourra renverser les hiérarchies mondiales.

Je n'ai malheureusement pas pu citer dans cet essai tous les créateurs africains qui contribuent aujourd'hui et demain à valoriser le patrimoine de notre cher Continent, et m'en excuse auprès d'eux. Ceux que j'ai mis en évidence ne sont que les arbres cachant notre fabuleuse forêt de la création.

Toutes les pièces du puzzle sont désormais en place pour faire de la mode africaine une puissance économique, il n'y a plus qu'à les réunir. Voulez-vous essayer ensemble ?

Remerciements

Tout simplement merci.

A ma mère, Laurence, qui des cieux où elle se trouve, me guide encore et toujours. Je ne la remercierais jamais assez de m'avoir encouragée, de son vivant, dans cette aventure entrepreneuriale en parfaite adéquation avec mes convictions, ma passion, mon engagement et mon expertise. *Legacy* était sa devise. Je m'en inspire à présent avec toute mon admiration et mon amour.

A mes sœurs : Marie-Ange, Ada-Crystel, Bénédicte pour leur soutien indéfectible. Le socle qu'elles forment à mes côtés est une force d'appui imparable dans cette ascension semée d'embûches.

A Luc Rigouzzo et Laurent Demey pour m'avoir pris sous leurs ailes dès mon arrivée à Proparco, m'avoir enseigné les rouages de l'investissement à impact, m'avoir ensuite confié les rênes la stratégie d'Amethis dans le secteur financier. C'est cette expertise acquise à leurs côtés qui me permet aujourd'hui de développer des modèles de financement innovants au service de la création africaine.

À Françoise Remarck, ministre de la Culture et de la Francophonie de Côte d'Ivoire, qui joue pour moi le rôle de mentor depuis de nombreuses années. Je suis reconnaissante pour ses conseils, sa bienveillance et son écoute constructive.

Remerciements

À Pathé'O, pour ses précieux témoignages qui ont guidé mes réflexions et la rédaction de cet essai.

À Ciss Saint-Moïse, qui a été l'un des premiers à m'éclairer, il y a de cela plusieurs années sur les enjeux du développement et du rayonnement de la création africaine. Je me souviens encore de notre premier échange dans son atelier durant l'été 2016.

À Johanna Bramble, pour son engagement dans la transmission du tissage traditionnel, formidable source d'inspiration et dont j'ai encore tant à apprendre.

Aux actionnaires fondateurs de Birimian à mes côtés : Georges Amer, Bertrand Badré, Laurent Demey, Yasser Ezzedine, Kalidou Gadio, Gagan Gupta, Janine Kacou Diagou, Charles Kié, Frannie Léautier, Jean-Luc Ruelle, qui ont cru les premiers en la puissance économique de la création africaine. Leur engagement sans faille, leurs conseils et leur écoute à toute heure sont un concours précieux pour porter cette grande ambition de faire émerger un modèle de financement pérenne pour la création africaine.

À Xavier Romatet, pour son soutien, ses conseils et sa bienveillance, qui ont contribué à porter Birimian sur les fonts baptismaux.

À tous mes partenaires, et tout particulièrement Orange Bank Africa, l'Agence Française de Développement et Investisseurs & Partenaires, qui partagent mes convictions et mon engagement.

Au corps professoral de l'Institut Français de la Mode, et en particulier Thomas Delattre, pour son engagement dans le programme d'accélération inédit que nous avons construit pour renforcer les capacités des créateurs africains.

À Clarisse Reille, pour sa bienveillance, son écoute et son soutien.

À Sydney Toledano, pour ses conseils précieux sur les clés du financement de marques de luxe.

À Frédéric Mauss et Sylvie Pourrat, pour leur foi en la force créative africaine et sa capacité de rayonnement à l'international, et pour m'avoir guidée dans l'incubation commerciale de nos créateurs à travers WSN.

À Pierre-François Le Louët et toute l'équipe de NellyRodi, pour leur soutien et leur engagement à mes côtés.

À Matthias Leridon, qui m'a convaincue et permis de donner vie à ce projet d'édition.

À Aida Muluneh, pour cette belle amitié, les convictions et combats qui nous unissent.

Remerciements

À Imane Ayissi, Thebe Magugu, Kenneth Ize, Loza Maleombho, Aisha Ayensu, Rich Mnisi, Mmuso Potsane, Maxwell Boko, Aristide Loua, Zineb Britel, Laura Pujol, Katherine-Mary Pichulik, Tracey Chiappini-Young, Isabelle Andoh Vieyra, Pacy Kadio-Morokro, et tous les créateurs rencontrés que je n'ai pu citer, pour avoir croisé mon chemin et contribué à mon éveil créatif.

A toute l'équipe de Birimian, et à Sandrine Autissier qui en fait partie à sa manière, pour partager avec moi au quotidien les succès et soubresauts de cette formidable aventure.

À tous ceux qui incarnent la nouvelle garde créative du continent et dont les combats sont ceux de toute une génération.

Annexes

Biographies des créateurs cités dans l'ouvrage

Alphadi. Né en 1957 à Tombouctou. Pionnier de la mode africaine, Seidnaly Sihamed, de son vrai nom, est sans conteste le plus célèbre styliste du Sahel. Celui qu'on surnomme « le Magicien du désert » fonde en 1998 le Festival international de la mode africaine (Fima), qui s'est imposé comme le rendez-vous incontournable des professionnels de la création sur le Continent. Ambassadeur de l'Unesco, le couturier nigérien a fait de la formation des jeunes talents son cheval de bataille.

Isabelle Andoh Vieyra. Issue d'une famille de stylistes de Côte d'Ivoire, elle est diplômée de l'école supérieure des arts et techniques (Esmod) de Paris, en spécialisation prêt-à-porter. « Ysand », sa marque créée en 2006, redonne une nouvelle jeunesse au wax, parfois associé à d'autres fibres comme le coton, la popeline, le jeans… Cette entrepreneuse aguerrie est très investie dans le développement de l'écosystème créatif ivoirien, notamment par le biais d'un centre de formation et d'un atelier de production dédiés aux marques locales.

Aisha Ayensu. Formée au Joyce Ababio College of Creative Design, à Accra, la créatrice ghanéenne lance en

2008 sa propre ligne de vêtements sous le nom de « Christie Brown ». La marque destinée aux femmes, devenue une référence en matière de luxe *made in Africa*, a été plébiscitée par la chanteuse Alicia Keys ou l'actrice américaine Danai Gurira. Aisha Ayensu a remporté plusieurs prix de renom dont, en 2018, le prix du Best Fashion Designer décerné lors de l'Africa Prestigious Awards.

Imane Ayissi. Né en 1968 à Yaoundé, il s'installe à Paris en 1992 et mène une carrière de danseur, de mannequin puis de créateur de mode. En 2020, le couturier franco-camerounais aux mille vies devient le premier styliste originaire d'Afrique subsaharienne à figurer dans le calendrier officiel de la Fédération de la haute couture et de la mode. Sa marque éponyme fait la part belle aux artisanats africains écoresponsables, associés à des étoffes venues du monde entier.

Amah Ayivi. L'entrepreneur d'origine togolaise est le fondateur et directeur artistique de la marque Marché noir – Lomé Paris. En 2012, cet agitateur de style ouvre dans la capitale française une enseigne, dont nombre de pièces sont chinées sur les marchés aux fripes du Togo ou du Ghana. Le credo de cet apôtre de l'*upcycling* ? En finir avec la mode « jetable » et contribuer au développement économique du Continent.

Alia Baré. Après une carrière dans le secteur bancaire, la fille de l'ancien président nigérien Ibrahim Baré Maïnassara fait ses armes au Raffles Design Institute de

Singapour. Basée à Dakar, la créatrice lance sa marque en 2015. Son style, qu'elle qualifie d'« afro-fusion » en raison de ses influences métissées, se veut une ode à la sophistication et à la sensualité de la femme africaine.

Johanna Bramble. Née en 1976 à Paris. Designer textile installée au Sénégal depuis 2009, elle développe au sein de son atelier de Dakar une ligne de produits entièrement réalisés sur des métiers à tisser traditionnels. Ses étoffes d'intérieur et ses pagnes, qui mettent à l'honneur le tissu de coton *manjak*, sont de véritables œuvres d'art. Ses créations ont été exposées dans des institutions comme le Muséum d'histoire naturelle du Havre, le musée Bargoin de Clermont-Ferrand ou l'Institut für Auslandsbeziehungen de Stuttgart.

Zineb Britel et Laura Pujol. Les magiciennes franco-marocaines de la babouche chic. Après son diplôme de l'Esmod, Zineb Britel travaille comme assistante en stylisme soulier pour Christian Dior puis Sonia Rykiel. Laura Pujol est une spécialiste du marketing de luxe, formée à l'Inseec Paris. En 2016 à Casablanca, les deux amies d'enfance lancent Zyne (« beauté » en arabe). Une marque qui réinvente les chaussures marocaines ancestrales dans un style multiculturel et ludique. Leurs babouches voyagent et s'exportent aujourd'hui aux quatre coins de la planète.

Aïssa Dione. Franco-Sénégalaise née à Nevers, la peintre, plasticienne, galeriste et designer lance sa griffe ATD (Aïssa Dione Tissus) en 1992 à Dakar. Son travail sur le tissage *manjak*, d'un raffinement extrême, est aujourd'hui réputé dans le monde entier. Ses créations pour la décoration et l'ameublement ont séduit des maisons aussi prestigieuses que Hermès, Fendi, l'architecte-star Peter Marino ou de grands hôtels de luxe. Son leitmotiv : combiner art et esprit d'entreprise, au service de la transformation et de la consommation locales.

Maxwell Boko et Mmuso Potsane. Ce talentueux duo de jeunes designers sud-africains crée en 2017 la marque MmusoMaxwell. Le label, qui revendique un « point de vue néoafricain », connaît rapidement un franc succès. Ses créations aux lignes minimalistes sont autant d'histoires poignantes inspirées des townships de Johannesburg. En 2022, le tandem remporte le prestigieux prix Karl Lagerfeld pour l'innovation remise par The Woolmark Company.

Sarah Diouf. Née à Paris de parents d'origine sénégalaise, centrafricaine et congolaise, elle grandit entre la Côte d'Ivoire et la France. La jeune diplômée en communication et marketing crée sa marque Tongoro en 2016 à Dakar. Ses pièces 100 % *made in Africa*, prisées à l'international et notamment aux États-Unis, sont vendues exclusivement en ligne. En 2020, la griffe a rejoint la liste des 50 entreprises les plus innovantes du magazine américain *Fast Company*.

Pépita Djoffon. Incontestablement l'une des grandes ambassadrices de la scène fashion béninoise. En 1988, elle intègre l'École supérieure des arts et techniques de la mode (Esmod) de Paris. Quatre ans plus tard, elle ouvre à Cotonou l'atelier de sa marque Pépita D. La palette de ses créations présente une belle diversité : lin, soie, pagne tissé ou wax, étoffe qu'elle a particulièrement travaillée dans le cadre d'un partenariat avec Vlisco, marque référente en la matière. En 2016, elle est élue présidente de l'Association des créateurs de mode du Bénin.

Kat van Duinen. Élevée dans la Pologne communiste, elle tombe amoureuse de l'Afrique du Sud et s'y installe en 2006. En 2010, elle lance au Cap sa griffe éponyme. Ses sacs à main et ses accessoires en cuir d'autruche, de python ou de crocodile, fruits d'un sourcing écoresponsable, se sont fait un nom sur le marché international. La marque propose aussi une ligne de vêtements pour hommes et femmes au design minimaliste et intemporel.

Abrima Erwiah. Élevée aux États-Unis par des parents d'origine ghanéenne, elle étudie la finance à la Stern School of Business de New York. Pendant huit ans, elle travaille dans le marketing et la communication chez Bottega Veneta, la maison de luxe italienne. En 2013, elle cofonde avec son amie Rosario Dawson la marque de mode *sustainable* Studio 189, basée à New York et à Accra. En 2021, elle est nommée directrice du Joseph and Gail Gromek Institute for Fashion Business de l'école de mode Parsons.

Marianne Fassler. La Vivienne Westwood sud-africaine. Elle voit le jour en 1949 à Johannesburg. Diplômée de l'université du Witwatersrand, elle se lance sur le marché de l'habillement en autodidacte. En 1976, elle fait défiler des mannequins noirs, à la grande fureur des partisans de l'apartheid. Audacieuses et vibrantes de couleurs, les créations de sa marque Leopard Frock bousculent le *statu quo*. Elle-même se présente comme une « activiste » de la mode « upcyclée ».

Francesca De Gottardo. Diplômée de l'université Bocconi de Milan, cette jeune Italienne démarre sa carrière chez Dolce & Gabbana en tant que consultante en digital marketing. En 2018 en Tanzanie, sa patrie d'adoption, elle cofonde la marque Endelea. Une griffe qui associe le design *made in Italy* à un large spectre de tissus africains, en particulier le wax. En 2022, elle est l'un des trois lauréats des DHL Young Designer Awards remis lors de la Fashion Week de Milan.

Kenneth Ize. Né en 1990 à Lagos, il grandit en Autriche et intègre l'université des arts appliqués de Vienne. Il fonde une marque à son nom en 2013 au Nigeria. Six ans plus tard, il est sélectionné parmi les finalistes du prix LVMH. En 2020, il présente pour la première fois à l'international ses silhouettes affûtées, mélange d'artisanat yoruba et d'influences occidentales, à l'occasion de la Fashion Week de Paris. L'année suivante, il collabore avec la maison Karl Lagerfeld pour une collection capsule. Sa collection automne-hiver 2023 érige la fripe recyclée au rang d'article de luxe.

Iniye Tokyo James. Élevé à Londres, il étudie les mathématiques à la Queen Mary University of London. Il travaille d'abord comme styliste pour des marques comme

Brino et Issey Miyake. Né en 2015 à Lagos, son label éponyme pour hommes fusionne le *tailoring* de Savile Row et les savoir-faire nigérians, avec une prédilection pour le cuir végétal ou vegan. Il fait partie des huit finalistes du prix LVMH 2022.

Laëtitia Kandolo. La créativité *made in Congo*. Diplômée en 2014 de l'École supérieure des arts et techniques (Esmod), la jeune Franco-Congolaise crée des looks pour des stars de la musique en tournées telles que Beyoncé, Madonna, Rihanna, Kanye West, Mariah Carey... En 2015 à Kinshasa, elle fonde sa marque de mode mixte Uchawi (« Magie » en swahili). Ses pièces, modernes et distinguées, font la part belle au coton, à la laine et à la *masusa*, une technique de couture traditionnelle lingala.

Selly Raby Kane. Née à Dakar, elle étudie d'abord la gestion et le droit à Paris. Mais sa sensibilité artistique reprend vite le dessus. Elle rentre dans son pays natal et lance sa première collection en 2012. Les créations estampillées « SRK » se démarquent par leur éclectisme, mélange d'influences afro-futuristes, de pop culture et de mythologie sénégalaise. La plus iconoclaste des stylistes ouest-africaines est aussi cinéaste. Son court-métrage *The Other Dakar* a été distingué en 2017 par le prestigieux Tribeca Film Festival.

Olivia Kennaway. Née à Mombasa, au Kenya, elle s'installe en Afrique du Sud en 2004 pour se former au design. Deux ans plus tard, elle lance avec son amie Alice Heusser le label Lalesso. Le kanga, tissu traditionnel de la culture swahilie, est l'une des principales sources d'inspiration de la griffe équitable. En 2018 au Cap, Olivia Kennaway fonde la marque Asha : Eleven. Une maison de mode féminine à la pointe de la durabilité et de l'écoresponsabilité.

Bobby Kolade. Né en 1987 au Soudan de parents nigérian et allemand, il grandit en Ouganda. Il étudie la mode et le design à la Weißensee Academy of Art de Berlin. Il retourne ensuite à Kampala et fonde en 2021 la marque Buzigahill. Un label engagé pour le développement durable, qui transforme les vêtements de seconde main exportés depuis les pays occidentaux en créations haut de gamme. Le couturier dirige en parallèle une ONG, Aiduke Clothing Research, qui entend aider les autres créateurs ougandais à toucher un public international.

Zak Koné. Au sortir du lycée, il apprend la couture auprès de la designeuse ivoirienne Aya Konan. Il crée en 2014 son label Pélébé, qui signifie « fusion des frères » dans la langue du nord de la Côte d'Ivoire dont il est originaire. Dans son atelier de Grand-Bassam, le trentenaire confectionne des tenues glamours pour les femmes africaines et des robes du soir en voile de coton d'une rare élégance. Il a récemment complété sa formation à l'International Fashion Academy (IFA), à Paris.

Dion Dewand Marcia Lafalaise. Son parcours fait la fierté de la Côte d'Ivoire. Diplômée de l'Institut des sciences et techniques de la communication d'Abidjan, elle s'initie à la mode et aux arts à travers son activité de journaliste. Lafalaise Dion, sa marque lancée en 2018, s'inspire des pratiques spirituelles du peuple dan dont elle est issue. La jeune designeuse a fait des coquillages de cauris son support de prédilection, dans une démarche esthétique et militante qui a séduit jusqu'à Beyoncé.

Wanda Lephoto. Le jeune créateur de Johannesburg est l'un des *fashion designers* les plus prometteurs de la scène mode sud-africaine. Il lance sa marque en 2016 et, la même année, il expose ses premières créations *via* un showroom itinérant en marge de la Fashion Week de Londres. Son style valorise la pop culture africaine et explore les juxtapositions culturelles de la nation arc-en-ciel. Les pièces de sa collection « Gaze » ont été présentées lors des défilés automne-hiver 2022 de la Semaine de la mode de Milan.

Aristide Loua. Après une carrière dans la finance aux États-Unis, le jeune Ivoirien de 32 ans fonde en 2017 la marque unisexe Kente Gentlemen. Son style *neo-tailoring* fait souffler un vent de modernité sur les étoffes traditionnelles africaines. Parmi lesquelles, bien sûr, le kente, ce tissu de prestige des peuples akan. Sa démarche respectueuse de l'environnement et son imagerie originale lui ont permis d'être élu en 2023 grand gagnant du concours de mode Africa Fashion Up créé par le mannequin Valérie Ka.

Thebe Magugu. Le jeune prodige de la nation arc-en-ciel. Né en 1993 à Kimberley, il est diplômé de l'école Lisof de

Johannesburg. Il lance en 2016 sa marque éponyme. En 2019, il entre dans l'histoire de la mode en devenant le premier créateur africain distingué du prix LVMH. La même année, il remporte l'International Fashion Showcase, organisé par le British Fashion Council. Architecte du vêtement, queer revendiqué, Thebe Magugu est reconnu pour ses coupes précises à la flamboyante féminité.

Loza Maléombho. Née en 1985 au Brésil de parents ivoirien et centrafricain, elle est diplômée de l'université des arts de Philadelphie. Après une formation chez Diesel, Zara et Bloomingdale, elle fonde en 2009 une marque de vêtements et accessoires à son nom, d'abord installée à New York puis à Abidjan. Célébrée par les professionnels internationaux de la mode, elle a été classée 7e par Forbes Afrique sur la liste des jeunes entrepreneurs du Continent de moins de 30 ans les plus prometteurs. Elle figure parmi les stylistes préférées de Solange Knowles.

Maryse Mbonyumutwa. Née en 1974 au Rwanda, elle se réfugie en Belgique avec sa famille pour fuir le génocide de 1994. Diplômée de l'Institut catholique des hautes études commerciales de Bruxelles, elle travaille pendant vingt ans dans le secteur de l'industrie textile, notamment avec l'Asie. En 2022, l'entrepreneuse lance dans son pays natal Asantii, une marque de prêt-à-porter féminin haut de gamme. Objectif : industrialiser et professionnaliser la mode africaine, pour accélérer l'autonomisation économique du Continent.

Lukhanyo Mdingi. Il voit le jour en 1992 dans la région du Cap. À 22 ans, il boucle ses études de mode à la Cape Peninsula University of Technology. En 2015, il crée une marque à son nom, saluée à l'international pour ses pièces poétiques, colorées et authentiques. En 2021, il remporte le prix Karl Lagerfeld, remis à l'occasion de la cérémonie du prix LVMH. L'année suivante, pour son premier show à Paris, il est responsable du défilé inaugural de la Fashion Week homme automne-hiver 2022-2023.

Tshepo Mohlala. Né dans la province sud-africaine du Transvaal, il grandit près de Johannesburg. Après des études de design et grâce aux encouragements du vétéran de la mode Felipe Mazibuko, il lance en 2015 la marque Thsepo. Dans sa boutique de Hyde Park Corner, *mega-mall* de Joburg, la griffe propose une vaste gamme de pantalons indémodables en denim et coton sourcé au Zimbabwe. En 2022, elle remporte deux prix aux Top-16 Youth-Owned Brand Awards.

Laduma Ngxokolo. Le roi du tricot. Né en 1986 à Port Elizabeth, il étudie le design textile à la Nelson Mandela Metropolitan University. Depuis 2011, il est le directeur artistique de Maxhosa by Laduma. Sa marque basée au Cap s'inspire des motifs traditionnels du peuple xhosa, l'une des principales ethnies sud-africaines. Chaque collection met en valeur des tenues à base de laine, mérinos, mohair et autres tissus locaux. En 2015, il remporte le prix Vogue Italia Scouting for Africa.

Anifa Mvuemba. « La créatrice que toute la presse anglo-saxonne s'arrache », *dixit* Vanity Fair. Originaire de la RDC par ses parents et basée dans le Maryland, où elle est née en 1990, elle lance en 2011 sa marque féminine Hanifa. En 2020, la styliste américano-congolaise bouscule la *fashion sphere* avec une première mondiale : un défilé sans mannequins et en 3D sur Instagram. Ses créations politiquement engagées ont déjà conquis des stars comme Zendaya ou Ciara et Jennifer Hudson.

Rich Mnisi. Né en 1993 en Afrique du Sud, il se fait un nom grâce à son vestiaire aux motifs psychédéliques, hommage à ses origines vatsonga. Diplômé en 2014 de l'école de mode Lisof de Johannesburg, il fonde dans la foulée son label éponyme. Il multiplie les collaborations avec de grandes marques internationales : Adidas, Coca-Cola, Smiley Originals… En 2019, il est le premier Africain à remporter le prix du Designer de l'année décerné par le magazine de mode américain *Essence*.

Emmanuel Okoro. L'une des figures de la jeune garde créative nigériane. En 2014, il fonde sa marque Emmy Kasbit. Ses pièces à l'esthétique épurée valorisent les tissages à l'akwete, étoffe emblématique des Igbo du Nigeria. En 2017, il est l'un des cinq finalistes du Lagos Fashion Festival. Quatre ans plus tard à Paris, il est sacré vainqueur de la première édition d'Africa Fashion Up, concours soutenu par la maison Balenciaga.

Nkwo Onwuka. Née et élevée au Royaume-Uni, elle étudie la psychologie avant de faire de sa passion pour la mode une aventure entrepreneuriale. En 2012, la styliste anglo-nigériane fonde à Lagos sa griffe « NKWO ». Le tissu signature de la marque est le *Dakala Cloth*, conçu à partir de textiles usagés qui sont décousus puis recousus pour leur donner l'apparence d'étoffes traditionnelles. Ses créations ont été sélectionnées par l'exposition Africa Fashion, inaugurée en 2020 au Victoria & Albert Museum de Londres.

Amaka Osakwe. La crème de la mode nigériane. Née en 1987, elle étudie à l'université des arts de Bournemouth, en Angleterre. Elle est depuis 2010 à la tête de la ligne de vêtements pour femmes Maki Oh, qui combine art africain et finitions contemporaines. En 2014, elle est la première styliste d'origine africaine invitée à la Maison-Blanche pour la réception *Celebration of Design*. Elle a fait de l'adire, une technique de teinture à l'indigo prisée des Yoruba du Nigeria, l'une de ses principales sources d'inspiration.

Pathé'O. Le styliste des chefs d'État africains. Né en 1950 au Burkina Faso, Ainé Pathé Ouédraogo fait partie des précurseurs de la mode sur le Continent. Formé sur le tas en Côte d'Ivoire, le petit tailleur de quartier bénéficie d'une visibilité internationale quand Nelson Mandela porte l'une de ses chemises, en 1994. En 2019, celui qui fut l'un des premiers à redonner leurs lettres de noblesse aux tissus traditionnels du Continent collabore avec Dior pour un défilé croisière à Marrakech. Le roi du Maroc, le président du Rwanda, le milliardaire nigérian Aliko Dangote... tous sont aujourd'hui de fidèles clients.

Margaux Rusita. Originaire du Guyana, elle étudie au London College of Fashion et travaille comme assistante de la créatrice Catherine Walker, la styliste préférée de Lady Diana. Mariée à un Burundais, elle lance en 2000 sa marque de joaillerie, Margaux Wong. Basé au Burundi depuis une douzaine d'années, le label propose des bijoux et accessoires d'une grande pureté, fabriqués artisanalement à partir notamment de corne ou de laiton « upcyclé ». En 2020, Margaux Rusita intègre le programme d'accélération de l'Ethical Fashion Initiative.

Sophia Schaub-Vincent. Née de parents antillais et ivoirien, elle développe une passion précoce pour la mode. Dès l'âge de 10 ans, elle apprend la couture auprès de sa mère, qui avait travaillé avec Givenchy. Après une carrière dans la banque, elle fonde sa marque de mode féminine Olivia Perez en 2014. Ses créations mettent en valeur la silhouette de la femme active africaine à travers des coupes contemporaines et de riches textiles locaux. Sa griffe a conquis l'actrice ivoirienne Evelyne Ily, la ministre de la Culture Françoise Remarck ou encore l'animatrice de télévision camerounaise Sophy Aiida.

Chris Seydou. Autre père fondateur de la mode africaine. Né en 1949 au Mali, Seydou Nourou Doumbia adopte le prénom « Chris » en hommage à Christian Dior. Autodidacte, il est le premier styliste africain à travailler à Paris avec de grandes maisons de haute couture (Paco Rabanne, Yves Saint Laurent, Mic-Mac). À l'orée des années 1980, il lance sa propre marque à Abidjan et révolutionne la mode du Continent en combinant coupes contemporaines et tissus traditionnels (en particulier le bogolan). Il meurt prématurément du sida, en 1994.

Michèle Yakice. La grande dame du style ivoirien. Yapo Akichi Alice, de son vrai nom, se forme au début des années 1970 à la Chambre syndicale de la haute couture de Paris. En 1982, elle lance en Côte d'Ivoire sa ligne de vêtements éponyme, toujours en activité aujourd'hui. En 1998, elle fonde à Abidjan l'École internationale de formation professionnelle, l'un des principaux centres d'apprentissage ouest-africains pour les métiers de la mode : modélisme, stylisme, tissage, teinture, décoration d'intérieur, esthétique et coiffure. En 2009, l'Unesco lui remet le prix de l'excellence de l'artisanat.

Bibliographie

Ouvrages

Courrèges Emmanuelle, *Swinging Africa. Le Continent mode*, Éditions Flammarion, 2021.

Grosfilley Anne, *Wax & Co. Anthologie des tissus imprimés d'Afrique*, Éditions de La Martinière, 2017.

Mendy-Ongoundou Renée, *Élégances africaines. Tissus traditionnels et mode contemporaine*, Éditions Alternatives, 2022.

Iqani Mehita et Dosekun Simidele, *African Luxury. Aesthetics and Politics*, Intellect Ltd., 2019.

Nimo Kweku Ken, *Africa in Fashion. Luxury, Craft and Heritage*, Laurence King Publishing, 2022.

Tella Oluwaseun, *Africa's Soft Power. Philosophies, Political Values, Foreign Policies and Cultural Exports*, Taylors & Francis Ltd., 2021.

Newman Carol, Page John, Rand John, Shemeles Abebe, Soderbom Mans, Tarp Finn, *Made in Africa. Learning to Compete in Industry*, Brookings Institution Press, 2016.

Revues et rapports

Catherine M. Mutama, Halima M. Ahmed, Emma Onsongo, « The Impact of Foreign Direct Investment on Economic Growth in Kenya : A Case Study of Kenya's Special Economic Zones », *International Journal of Management and Commerce Innovations*, avril-septembre 2019.

Association française des investisseurs pour la croissance (Afic), « Le livre blanc du capital-investissement en Afrique », avril 2016.

Afrikrea.com, « Le livre blanc de la mode africaine en ligne », 2019.

Brand Finance, « Global Soft Power Index », 2020 et 2023.

Oxford Business Group, « West Africa Textiles and Garments Focus Report », juin 2021.

Partech Africa Team, « 2019 Africa Tech Venture Capital Report », janvier 2020.

Rapport d'activité 2022 de l'African Private Capital Association, avril 2023.

Rapport d'activité 2022 de l'éco-organisme Refashion.

Rapport de l'Africa Free Zones Organization, « African Economic Zones Outlook », 2019.

Rapport de la Banque africaine d'import-export, « African Trade Report 2022 : Leveraging the Power of Culture and Creative Industries for Accelerated Structural Transformation in the AfCFTA Era », juin 2022.

Rapport du FMI, « Trade Integration in Africa. Unleashing the Continent's Potential in a Changing World », mai 2023.

Rapport de l'Unesco, « Challenges and Opportunities for Women Entrepreneurs in Africa : A Survey of Science and Technology Usage », 2021.

Table des matières

LES AUTEURS
DE DÉBATS PUBLICS

Françoise Adamsbaum
Directrice
Musée International des Arts
Modestes (MIAM)

Yaële Aferiat
Directrice
Association Française
des Fundraisers

Jean-Philippe Aka
Fondateur
AfricartMarket

Hervé Amar
Président
Ayming

Antoine Amiel
Cofondateur
Learn Assembly

Jean-Xavier Arnaud
Associé
Tilder

Julien Artu
Président
People Like Us

François Asselin
Président Confédération générale
des petites et moyennes entreprises
(CPME)

Jacques Attali
Ancien conseiller spécial
de François Mitterrand

André-Jacques Auberton-Hervé
Fondateur
Soitec

Fanny Auger
Fondatrice
The School of Life

Axelle Ayad
Fondatrice
Mapatho

Gilles Babinet
Cofondateur
Isotope Energy

Bertrand Badré
Fondateur
Blue like an Orange
Sustainable Capital

Simon Baker
Directeur
Maison Européenne
de la Photographie (MEP)

Hector Balas
Fondateur
Impala

Jérôme Ballarin
Président
Observatoire de la Qualité
de Vie au Travail

Audrey Barbier-Litvak
Cofondatrice
Offishall

Marie Barrot
Fondatrice
AIM Prod

Agnès Bazin
Directrice du développement
Doctolib

Thierry Beaudet
Président
Conseil Économique Social
et Environnemental
(CESE)

Anne-Sophie Beauvais
Vice-présidente et trésorière
Le Labo des histoires
et le Labo de l'écologie

Karim Beguir
cofondateur
Instadeep

Salomé Berlioux
Fondatrice
Chemins d'avenirs

Maribel Bernard
Présidente
Fondation d'entreprises
Bergonié

Adrien Bisseliches
Associé
My Pop Up Store

Denis Blanc
Directeur général
Ayming

Phillip Blond
Directeur
ResPublica

Christian Bombrun
Directeur
des Services Digitaux
Groupe MTN

Flore Bonnard
Fondatrice
Rezto

Anissa Bonnefont
Scénariste
et réalisatrice

Bruno Bonnell
Secrétaire général
pour l'investissement
en charge de France 2030
Services du Premier ministre

Jean-Marc Borello
Président du directoire
Groupe SOS

Valence Borgia
Associée Medici Law firm

Grégoire Borst
Professeur de psychologie
du développement
et de neurosciences cognitives
de l'éducation
Université Paris-Descartes

Vanessa Boudin-Lestienne
Directrice
associée WHO Talent Partners

Kat Borlongan
Directrice
La French Tech

Audrey Boulard
Fondatrice
Locatool

Michaël Boumendil
Président
Sixième Son

Vincent Bounes
Directeur
Samu 31

Kevin Bourgeois
Cofondateur
Supermood

Jérôme Bourreau
Fondateur
Anamnese

Nicolas Bouzou
Fondateur
Asterès

Nicolas Brien
Directeur Général
France Digitale

Tamara Brisk
Fondatrice
Mokki

Franck Bruel
Senior Advisor
Boston Consulting Group (BCG)

Jean-Martial Buisson
Avocat associé
Fromont Briens

Moussa Camara
Fondateur
Les Déterminés

Robert Cantarella
Metteur en scène et réalisateur

Carolyn Carlson
Danseuse, chorégraphe
et poétesse

Louis Champion
Directeur
UI Investissement

Julie Chapon
Cofondatrice
Yuka

Thibaut Charmeil
Directeur général France
Ayming

Xavier Charpentier
Cofondateur
FreeThinking

Jean-Louis Chaussade
Special Advisor
Accuracy

Élisabeth Chevanne-Brunel
Présidente
Association Française
des Coureures Cyclistes

Marion Clignet
Présidente
Association Française
des Coureures Cyclistes

Paul-Adrien Cormerais
Fondateur
Pony

Mathieu Cornieti
Président
Impact Partners

Anne-Marie Couderc
Présidente du Conseil d'administration
Air France-KLM

Professeur Charles Court
Chef de service chirurgie orthopédique
et traumatologique
Hôpital Bicêtre

Thomas Courtois
Président
Nickel

Dadou Moano
Cofondateur
RefuHelp

Amy Dahan
Directrice de recherche
Centre national de la recherche scientifique (CNRS)

Julie Dautel
Cofondatrice
Eonef

François Davy
Président
Groupe Adecco

David De Faria
Directeur Pôle Médico-social
Association Régionale pour la Sauvegarde de l'Enfant, de l'Adolescent et de l'Adulte (ARSEAA)

Marie Degrand-Guillaud
Directrice générale déléguée Nickel

Rachel Delacour
Présidente et cofondatrice
Sweep

Paul de Leusse
Directeur général adjoint
Orange

Martine Delbos
Directrice Générale
Pépinières Guillaume

Maxime Delmotte
Cofondateur
Balibart

Jean-Philippe Derosier
Professeur agrégé de Droit public
Université de Lille

Tanguy et Marine Desandre
Fondateurs
Maplaceencrèche

Didier Deschamps
Directeur
Chaillot – Théâtre national de la danse

Mahammed Boun Abdallah Dionne
Ministre d'État
Secrétaire général de la Présidence de la République du Sénégal
Premier ministre du Sénégal

Jean-Luc Domenach
Créateur
Université Tsinghua

Ludovic Donati
Directeur du projet Lithium France
Groupe Eramet

Éric Dournès
Directeur
Groupe Créa-Sud Communication

Laurence Drake
Déléguée générale
InPACT

Mathieu Duquesne
Directeur de la stratégie SNCF Logistics

Jean-Loup Durousset
Président
Fédération de l'hospitalisation privée (FHP)

Béatrice Eastham
Fondatrice
Green Evénements

Marie Ekeland
Fondatrice
2050

Caroline Eliacheff
Docteure en médecine, psychanalyste et pédopsychiatre

Delphine Ernotte Cunci
Présidente
France Télévisions

Charlotte Euzen
Associée
Tilder

Paola Fabiani
Fondatrice
Wisecom

Domitille Fafin
Directrice des relations institutionnelles et de la communication
Shell France

Charlotte Fairbank
Championne de tennis fauteuil

Jean-François Fallacher
Directeur général
Orange Espagne

Mireille Faugère
Conseillère maître
Cour des comptes

Vanessa Feuillatte
Première danseuse
Opéra National de Bordeaux

Frédéric Fisbach
Codirecteur Centquatre

Hubert Flichy
Senior counsel
Flichy Grangé Avocats

Françoise Forette
Présidente du Comité d'Orientation Scientifique et Stratégique
International Longevity Centre (ILC) France

Nicolas Froissard
Porte-parole et codirigeant
Groupe SOS

Jean-Baptiste de Froment
Conseiller technique pour l'éducation du président de la République Nicolas Sarkozy

Sophie Gaillet
Fondatrice
Grand-Mercredi

Marianne Gallardo
Project Manager Engie

Mathieu Gallet
Fondateur Majelan

Cristina Garmendia
Présidente
Fundación España Constitucional

Pierre Gattaz
Président
Medef

Julie Gayet
Actrice,
productrice de cinéma
et réalisatrice
française

Marie Georges
Présidente
Willa

Philippe Germain
Directeur
Ciclic Centre-Val de Loire

Philippe Girod
Président Gouverneur
Audigier

Ana Giros
Directrice Générale Adjointe
Equans

David Gordon-Krief
Associé
UGGC Avocats

Laurent de Gourcuff
Fondateur
Paris Society

Élodie Grimoin
Cofondatrice
Urban Canopee

Anne-Sophie Grouchka
Chief Operating
and Transformation officer
Allianz France

Isabelle Guichot
Directrice générale
Maje

Sophie Guillin
Directrice Générale
Groupe Guillin

Cécile Guillou
Directrice générale
Franprix

Khamsa Habouchi
Directrice adjointe
Centre Virchow-Villermé

Vanessa Hary
Fondatrice
Savonnerie des Intrépides

Paul Hatte
Président
Hatis

Nicolas Hazard
Fondateur
Inco

Jérôme Hénique
Directeur général
Orange Afrique et Moyen-Orient

Christophe Heugas
Médecin biologiste
Laboratoire Biopyrénées

Anne Hidalgo
Maire de Paris

Caroline Hilliet Le Branchu
Directrice générale
La Belle-Iloise

Klaus Hommels
Fondateur
Lakestar

Martin Hook
Directeur général
Ayming UK

Tarek S. Hosni
Directeur général
Alvarez & Marsal

Sarah Huisman-Coridian
Associée fondatrice
Equanity

Thierry Jadot
Président
Dentsu Aegis
Network France

Olivier Jaillon
Directeur général
Wakam

Henri Jeannequin
Directeur Général
Maison Marc

Patrick Jeantet
Directeur général
SNCF Réseau

Jean-Paul Julia
Directeur Général
Banque Populaire Bourgogne
Franche-Comté
et Pays de l'Ain

Nathalie Kaïd
Présidente
Sœurs d'encre

Zineb Drissi Kaitouni
Cofondatrice
DabaDoc

Marcel Kahn
Directeur général
Mutuelle d'assurance
des professionnels de la santé
(MACSF)

Nathanaël Karmitz
Directeur général
MK2

Élisabeth Kimmerlin
Présidente
Les Premières
Occitanie

Frederik W. de Klerk
Prix Nobel
de la paix 1993

Guillaume Klossa
Fondateur
EuropaNova

Gaspard Koenig
Fondateur
GenerationLibre

Laureen Kouassi-Olsson
Présidente Directrice Générale
Birimian Ventures

Alain Krakovitch
Directeur
SNCF Transilien

Arnaud de Lacoste
Directeur général
Sitel Group

Olivier Lacrampe
Docteur
Laboratoire Biopyrénées

Marc Laidet
Président
FHP Psychiatrie

Ingrid Lamri
Directrice du cabinet
du directeur général adjoint
Engie

Véronique Langlois
Cofondatrice
FreeThinking

Serge Lasvignes
Président
Centre national d'art et de culture
Georges Pompidou

Frédéric Latrobe
Associé
Tilder

Audrey Le-Bars
Directrice de projet Territoire
d'industrie de Lacq-Pau-Tarbes

Jean-Yves Le Gall
Président
Centre national d'études spatiales
(CNES)

Ludovic Le Moan
Cofondateur
Sigfox

Fabrice Le Saché
Fondateur
Aera Group

Philippe Lemoine
Président Fondation Internet Nouvelle
Génération (FING)

Philippe Lentschener
Président Publicis France

Mathiàs Léopoldie
Cofondateur
Julaya

Matthias Leridon
Président-fondateur
Tilder

Enrico Letta
Doyen
École des affaires internationales
de Sciences Po

Aude Letty
Directrice
Innovation Santé Groupe Korian

Chen Lifang
Corporate Senior Vice-President
and Director of the Board Huawei

Bamba Lo
Cofondateur
Paps

Jean-Hervé Lorenzi
Président
Le Cercle des économistes

Pascal Lorne
Fondateur
Gojob

Antoine Loron
Cofondateur
Hublo

Pascal Lorot
Président
Institut Choiseul

Maxime Loubar
Cofondateur
et Directeur Général
Wyes

Marina Maestrutti
Maîtresse de conférences
en sociologie
Université Paris 1
Panthéon-Sorbonne

Christine Maffli
Fondatrice
Venera Creation

Naledi Magowe
Cofondatrice
Brastorne

Thierry Malandain
Chorégraphe et directeur Centre
Chorégraphique National
Malandain
Ballet Biarritz

Angèle Malâtre-Lansac
Directrice déléguée
à la Santé Institut Montaigne

Pierre-Alain de Malleray
Directeur général
Santiane

Béatrice Mandine
Ex-Directrice Exécutive
Communication,
Marque et Engagement
Orange

Moussa Mara
Premier ministre
du Mali

Emma Marcegaglia
Présidente
Eni

Stéphane Mariaccia
Animatrice
KOMedia

Sandrine Martinet
Championne paralympique de judo

Philippe Mas
Fondateur
Modularche

Michel Mathieu
Directeur général
LCL

Olivier Mathiot
Directeur général
2050

Muriel Mayette-Holtz
Directrice
Théâtre National de Nice

Dominique Méda
Directrice
Irisso

Julien Mendez
Directeur Général
Institut Supérieur
Maria Montessori

Bruno Mettling
Président
Orange Middle East
and Africa

Marc Mézard
Directeur
École normale supérieure
– PSL

Sacha Michaud
Cofondateur
Glovo

Christian Miele
Président
German Startups
Association

Valéry Miéral
Président
Volailles Miéral

Éric Mignot
Cofondateur
+Simple

Fatiha Mlati
Directrice de l'intégration
France terre d'asile

Jean-Paul Mochet
Directeur général
Franprix

Dominique Mockly
Président
et Directeur Général
Teréga

Grégory Mollet-Viéville
et Romain Rainaut
Créateurs
Conqueryourday

François De Montaudouin
Advisor Ayming Institute

Filippo Monteleone
Directeur général délégué
Ramsay Santé

Aurélie Motta-Rivey
Vice-présidente
Association française
pour les Nations Unies (AFNU)

Antoine Motte
Président
Constructions-3D

Patricia Moulin Lemoine
Présidente du Conseil de Surveillance
Groupe Galeries Lafayette

Peggy Munich
Fondatrice
Femmes Chefs d'Entreprises (FCE)
Landes

Claude Nahon
Directrice Environnement
Développement Durable
EDF

Séverin Naudet
Directeur général analyse
Socialyse

Olivier Nicolas
Membre du comité exécutif
LCL

Céline Orjubin
Cofondatrice
My Little Paris

Kevin Ortega
Fondateur
Coiff in the street

Haïba Ouaissi
Cofondateur
LexDev

Amélie Oudéa-Castéra
Directrice marketing et digital
Groupe AXA

Rachid Ouramdane
Codirecteur
Centre chorégraphique national
de Grenoble

Ali Parsa
Fondateur
Babylon

Michel Paulin
Directeur général
OVHcloud

Guillaume Pepy
Président
Initiative France

Emmanuel Petiot
Directeur général
Deinove

Nicolas Petrovic
Président
France et Belgique
Siemens

Céline Peudenier
Membre du Directoire
Groupe SOS

Fabien Piazzon
Associé Qualité de vie au travail
Ayming

Alain Picard
Directeur général
SNCF Logistics

François Pignol
Directeur Grands comptes Luxe
Google Paris

Laurie Pilo
Directrice générale
BeNeLux Ayming

Dominique Pitoiset
Directeur Général et Artistique
Opéra de Dijon

Thomas Plantenga
Directeur général
Vinted

Éléna Poincet
Cofondatrice
TEHTRIS

Olivier Poivre d'Arvor
Ambassadeur de France
en Tunisie

Célia Poncelin
Fondatrice
Lunetist

Marie-Alice
Thierry-Portmann
Directrice
des ressources humaines
Ayming

Philippe Pouletty
Cofondateur
Truffle Capital

Cyril Quenet
Cofondateur
Label Famille

Pierre Rabhi
Créateur
Colibris

Jonas Ramuz
Cofondateur
Quai 36

Laure de La Raudière
Présidente
Autorité de régulation
des communications électroniques,
des postes et de la distribution
de la presse (Arcep)

Matina Razafimahefa
Cofondatrice
SAYNA

Raymond Redding
Directeur général du courrier
Groupe La Poste

Florian Reinaud
Cofondateur
Concilio

Helmut Reisinger
Directeur général
Orange Business Services

Hugues Renson
Vice-président
Assemblée nationale

Delphine Remy-Boutang
Fondatrice et CEO
Journée de la femme digitale

Sandra Rey
Fondatrice Glowee

Stéphane Richard
Président – Directeur Général
Orange

Anne Rigail
Directrice générale
Air France

Cédric Ringenbach
Président
Blue Choice

Rémy Rioux
Directeur général
Agence française de développement

Gaël Riva
Organisateur
Drive Repas solidarité
de la Loubière

Robin Rivaton
Directeur général
Agence d'attractivité
et d'innovation
de la région Île-de-France

Lucie-Éléonore Riveron
Cofondatrice Fauve Paris

Patrick Ropert
Directeur général
SNCF Gares & Connexions

Père Matthieu Rougé
Docteur en théologie

Nicolas Rousselet
Président – Directeur Général
Groupe Rousselet

Gérard Saillant
Président de la commission médicale
Fédération Internationale
de l'Automobile
(FIA)

Cédric Sanial
Agriculteur en Haute-Loire

Michel Sapin
Ministre des Finances
et des Comptes publics

Marie-Laure Sauty de Chalon
Présidente
Carat Interactive

Jacques-Olivier Schatz
Directeur des opérations
Wakam

Wolfgang Schäuble
Ministre fédéral
des Finances

Olivier Schwartz
Directeur de l'unité Virus et Immunité
Institut Pasteur

Vincent Sciandra
Directeur général
METRON

Hervé Seck
Chef de projet
Diambars

Mouna Sepehri
Associée
Tilder

Olivier Sibony
Associé
McKinsey

Yannick Silva
Fondateur
Yanook

Victor Simon
Président
WorldSkills France
Champions

Zohra Slim
Cofondatrice
Instadeep

Alvaro de Soto
Professeur
École d'affaires internationales
de Sciences Po

Martin Stephan
Directeur général adjoint
Carbios

Martin Stimela
Cofondateur
Brastorne

Volkan Tanaci
Fondateur
CityBzz

Aurélie Thévenet
Fondatrice
Linestie

Jean Todt
Président
Fédération internationale
de l'Automobile
(FIA)

Albert Toikeusse Mabri
Ministre des Affaires étrangères
République de Côte d'Ivoire

Camille Thomas
Violoncelliste

Vincent Tomasetig
Président
Maker Béarn

Michaël Trabbia
Directeur Exécutif, CEO
Orange Wholesale

Marie Trellu-Kane
Présidente
Unis-Cité

Iheb Triki
Cofondateur
Kumulus

Cécile Verdier
Présidente
Christie's France

Agnès Verdier-Molinié
Directrice
Fondation iFRAP

Emmanuelle Verger-Chabot
Directrice
EDF Hydro

Augustin Verlinde
Cofondateur
Frizbiz

Gilles Vermot Desroches
Directeur
du développement durable
Schneider Electric

Daniel Vervloet
Président
Fédération française
d'allergologie
(FFA)

Martin Vial
Directeur général
Europ Assistance

Frédéric Vincent
Président
du Conseil d'administration
Nexans

Benoît Voituriez
Directeur administratif
et financier
Ballet Preljocaj

Jean-Pierre Wiedmer
Président
HSBC Assurances

Antoine De Wilde
Président
La French Run

Pascale Witz
Fondatrice
PWH Advisors

Minggang Zhang
Directeur Général Adjoint
Huawei France

Camille Zonca
Cofondatrice
Label Famille

II/II

Débats Publics s'engage dans une démarche
de développement durable par respect pour ses lecteurs
et pour l'environnement.

La conception, la composition et l'impression de ce livre
ont été réalisées en France.

Conception graphique : A noir
Composition et mise en pages : Nord Compo
Impression : Normandie Roto s.a.s. (2302335)

Première édition : septembre 2023

Cet ouvrage est également disponible au format eBook.

L'imprimerie Normandie Roto SAS est labellisée Imprim'Vert®,
et la couverture ainsi que le papier intérieur de l'ouvrage sont issus
de forêts certifiées PEFC.

PEFC™
10-31-2541
Certifié PEFC
Ce produit est issu de forêts gérées durablement et de sources contrôlées
www.pefc-france.org

ISBN : 978-2-37509-748-9
Achevé d'imprimer en août 2023
Dépôt légal : septembre 2023

DEBATS
PUBLICS

Retrouvez-nous sur
le site internet de Débats Publics

www.debatspublics.com